中華古籍保護計劃

ZHONG HUA GU JI BAO HU JI HUA CHENG GUO

·成果·

王國維 撰

五代兩宋監本考 兩浙古刊本考

國家圖書館出版社

圖書在版編目(CIP)數據

五代兩宋監本考 兩浙古刊本考 / 王國維撰. —北京:國家圖書館出版社,2021.11

(國學基本典籍叢刊)

ISBN 978-7-5013-6704-7

Ⅰ.①五… Ⅱ.①王… Ⅲ.①百科全書—研究—中國—北宋 Ⅳ.①Z22

中國版本圖書館 CIP 數據核字(2019)第 052719 號

書　　名　五代兩宋監本考 兩浙古刊本考
著　　者　王國維　撰
責任編輯　南江濤　潘雲俠
封面設計　徐新狀

出版發行　國家圖書館出版社(北京市西城區文津街7號　100034)
(原書目文獻出版社　北京圖書館出版社)
010-66114536　63802249　nlcpress@nlc.cn(郵購)
網　　址　http://www.nlcpress.com
印　　裝　北京市通州興龍印刷廠
版次印次　2021年11月第1版　2021年11月第1次印刷

開　　本　880×1230　1/32
印　　張　10.25
書　　號　ISBN 978-7-5013-6704-7
定　　價　30.00圓

《國學基本典籍叢刊》編委會

《國學基本典籍叢刊》前言

國家圖書館出版社（原書目文獻出版社 北京圖書館出版社）成立三十多年來，出版了大量的中國傳統文化典籍。由於這些典籍的出版往往采用叢書的方式或綫裝形式，供公共圖書館和大學圖書館典藏使用，普通讀者因價格較高、部頭較大，不易購買使用。爲弘揚優秀傳統文化，滿足廣大普通讀者的需求，現將經、史、子、集各部的常用典籍，選擇善本，分輯陸續出版單行本。每書之前均加簡要説明，必要者加編目録和索引，總名《國學基本典籍叢刊》。歡迎讀者提出寶貴意見和建議，以使這項工作逐步完善。

編委會

二〇一六年四月

序言

時至今日，整理宋代刻書史料卓有成效者，無疑仍首推王國維先生。王國維《五代兩宋監本考》《兩浙古刊本考》（下文簡稱『《監本考》』『《浙本考》』，或『兩《考》』），今早已成了經典之作，也得到了高度贊譽，『學者欲明南北宋官刊書之經過，讀此書（筆者按：指《監本考》）及《兩浙古刊本考》，則思過半矣』〔一〕。宋刻本研究者也大都會加以引用，如『北宋監本刊於杭者，殆居泰半』（《浙本考·序》）等觀點。

宋代刻版的考訂，一個根基就是端賴於現存宋元版書籍刻書序跋、敕文等的過録，但宋元版書全面、實實在在地找尋是一件極爲艱難的事。這也是這一版本考撰寫較難逾越的主要原因。而今，隨着一些綜括性質、搜羅完備的書目題跋的出版，如《中國版刻圖録》（文物出版社 1960 年

〔一〕趙萬里《静安先生遺著選跋》，見《王國維學術研究論集》第一輯，吴澤主編，華東師範大學出版社 1983 年版，第 306 頁。

版）、嚴紹璗編《日藏漢籍善本書録》（中華書局 2007 年版）、祝尚書《宋集序跋彙編》（中華書局 2010 年版）、林申清《宋元書刻牌記圖録》（北京圖書館出版社 1999 年版）等，以及一些珍稀宋元刻本的大量影印出版，如《四部叢刊》初編、續編、三編，《中華再造善本》（國家圖書館出版社 2003 年起陸續出版），《宋集珍本叢刊》（綫裝書局 2004 年版），《域外漢籍珍本文庫》（人民出版社 2012 年版），《日本宮内廳書陵部藏宋元版漢籍選刊》（上海古籍出版社 2012 年版），《原國立北平圖書館甲庫善本叢書》（國家圖書館出版社 2013 年版），《日本國會圖書館藏宋元本漢籍選刊》（鳳凰出版社 2013 年版），一些稀有、難得一見的版本已走出高樓深閣，能爲一般的讀者利用；同時，躬逢盛世，當下在各大圖書館，流覽珍稀的宋元刻本或電子文本，亦非難事。因此，在這個層面上，從敬重前哲、尊重學術的角度，再一次審視撰寫於二十世紀二十年代、時隔一百年的版本學專著，并揭示當下如何全面、科學地整理宋代刻書史料，也是一件頗有價值和意義的事。

一、撰作的時間、情形

對兩《考》的撰作時間，王國維研究專家袁英光、劉寅生《王國維年譜長編》繫於 1922 年 3 月，

『撰《兩浙古刊本考》』，『8月，撰《五代兩宋監本考》』[二]，學者多從其說。但兩《考》的具體時間，還可進一步深入、細化。

先看《浙本考》。王氏在《兩浙古刊本考・序》中已明言『壬戌二月海寧王國維書』，壬戌即1922年，似無問題；但其準備時間則在1919年，1919年11月15日王國維《致羅振玉》的信：

近日擬作《宋元浙本考》，已從各家書目搜集材料。憶元人有《西湖書院記》，中列刻書目甚詳，前曾見之，試不能憶其在何書中，此考係充《通志》材料也。王雪志亦擬作《蜀本考》，此二事不謀而合。然此書尚須一觀宋人文集，頗不易成也。[三]

它能說明四個問題：

第一，1918年1月4日，王國維致函羅振玉，談及曹元忠爲烏程蔣孟蘋校書編目『終年未有一字』的情形，迫於一時生活的拮据，欲應聘。8月，開始爲蔣氏編藏書志。加上這一時期王氏正在校勘《說文》《唐韻》等典籍，已接觸到較多的書目材料。因此，首先從『各家書目』中搜集材料，是可能的，這也很大程度上得力於爲蔣氏校書、編藏書志的功勞。

[二] 袁英光、劉寅生編《王國維年譜長編》，天津人民出版社1996年版，第339、350頁。
[三] 袁英光、劉寅生編《王國維全集・書信》，中華書局1984年版，第299頁。

第二，王氏着重提到了《西湖書院記》，因特定的位置，這也相當於南宋國子監的刻書——此顯然對《浙本考》中『杭州本』部分的撰寫具有重要意義。但實際上，《書院記》僅羅列書名，實無助於深入考辨（但可按圖索驥）；爲此，王氏僅在《浙本考》卷上的按語中提及《西湖書院重整書目記》（論其變遷）。不過，這説明王氏爲此進行了廣泛的搜尋。

第三，王氏撰寫《浙本考》，目的是爲了『充《通志》材料』。1919 年，沈曾植任《浙江通志》總纂，邀請王國維擔任分纂，同年 11 月覆函王國維商討體例，信見《學術集林》卷三《沈曾植未刊遺文（續）》，題作《答王静安徵君書》。〔一〕王氏與張爾田一道負責寓賢、掌故、雜記、仙釋、封爵等五門的撰述。這樣，約在沈曾植致函後，王氏開始考慮擬作《宋元浙本考》，以作爲《雜記》一門的材料；這在時間上是一致的。考沈曾植 1922 年 11 月 21 日逝世，此文正在沈氏逝世前後完成，故不得交與通志局。〔二〕

〔一〕《學術集林》卷三，上海遠東出版社 1995 年版，第 114－115 頁。

〔二〕王國維的門人趙萬里也説：『此編乃己未（1919）、庚申（1920）間應浙江通志局而作。時嘉興沈乙盦（曾植）尚書主通志局事，請先生任分纂。因搜輯諸家藏書目録，益以所聞所見寫成此編，以實志稿雜志門。會乙盦物化，志局易人，此稿亦廢置篋中，蓋終其身迄未版行也。』見趙萬里《静安先生遺著選跋》，吴澤主編《王國維學術研究論集》第一輯，第 303 頁。

第四，王氏已充分認識到難度，『尚須一觀宋人文集，頗不易成也』，面對龐大的宋人文集（祝尚書即言『據統計，現存宋人别集凡八百家左右』〔一〕），這確實不容易做到。事實是，對宋人文集，王氏也的確没加引用。這也毋庸諱言。

至於《監本考》，《王國維全集·書信》中有兩處直接提及此事：

1922年8月7日《致王秉恩》：頃擬作《古監本五代兩宋正經正史考經》一卷，昨已脱稿。因思毛鈔《五經文字》《九經字樣》前有開運丙午（946）田敏序，當是宋時重刊五代監本。此本現在海源閣，無由得見，趙意林所刊《九經字樣》一種亦即此本。長者於經、小學書收羅最備，當有其書，抑曾見其本否？其書於田敏序外似尚有校勘經進銜名，故邵、莫二目謂之和凝本，祈賜教一二。〔二〕

1922年8月24日《致馬衡》：《國學季刊》索文，弟有《五代監本考》一篇録出奉寄。〔三〕

〔一〕祝尚書《宋人别集叙録·前言》，中華書局2020年版，第1頁。
〔二〕《王國維全集·書信》，第324頁。
〔三〕《王國維全集·書信》，第328頁。

這至少反映了三點：

第一，時間上，8月7日，《古監本五代兩宋正經正史考經》一卷已脱稿；不過，此應斷爲《正經正史考·經》，即衹撰就了經部。其後，十七日間，即在24日前，已撰就五代部分（量少）。除此之外，《監本考》中涉及的醫書類，以及極少的《荀子》《莊子》《列子》等書，以王氏功底，在較短的時間内撰成，當無疑問。因此，《監本考》的擬寫、撰定均在1922年的下半年——這大約是隨着編撰《傳書堂藏書志》已近完成而熟習各版本的結果。這裏，也可舉一條内證：《監本考》卷中『《三國志》條』，以及《浙本考》卷上『南宋監本』中對正史的案語，實際上正構成了《觀堂集林》卷二一《殘宋本〈三國志〉跋》的主體内容；而《殘宋本〈三國志〉跋》在論證的充分、完整方面顯然高於《監本考》中的内容——這衹能是在《監本考》的基礎上進一步增添、考釋的結果。正是這條跋文，有撰寫的時日『庚申中秋』，庚申是1922年，中秋按陽曆則爲10月14日，即在《致馬衡》中寄出《五代監本考》之後的一個多月。這説明確實業已完工了。

第二，内容上，其起始的標題是《古監本五代兩宋正經正史考經》（這也顯示王氏確實想做歷代的監本考），强調的是『正經正史』，這也構成了《監本考》的一個基本特色，即對正經正史的著録比較完備、豐富。當然，這一點也事出有因，因爲當日兩宋國子監重視刻印的書籍，也以這兩類爲核心。

第三，與《浙本考》的撰寫一樣，王氏儘可能地廣泛搜集重要的史料——刻版序跋、准印文書、校勘的經進銜名等，但這一難度頗大。爲此，王氏曾專門致函王秉恩，并贊其『長者於經、小學收羅最備，當有其書』，或『曾見其本否』，但最終無果，因爲《監本考》中最終還是没能列出田敏的《序》和經進銜名。

不管怎樣艱難，如從1919年11月算起，王國維大約用了近三年的時間思考、查找、撰寫兩《考》，可說是在當日進行了比較充分的準備與細緻過録，再加上前一年爲烏程蔣孟蘋校書編目的豐富經驗與資料，就直接决定了兩《考》的重要價值與分量。

二、史料來源

對史料來源的直接説明，除上引《致羅振玉》的信外，是其本人充分洋溢着對浙地文化興盛倍感自豪的《浙本考·序》：

南渡以後，臨安爲行都，胄監在焉，板書之所萃集。宋亡，廢爲西湖書院。……又，元代官書，若宋、遼、金三史，私書若《文獻通考》《國朝文類》，亦皆於杭州刊刻。……而宋季臨安書肆，若陳氏父子遍刊唐宋人詩集，有功於古籍甚大。至諸州刊板，天水以後，公庫郡庠仍世刊刻，而紹興爲監司安撫駐地，刊書之多，幾與臨安埒。……宋元人所撰方志，若《[寶慶]四明志》、若《新定續志》，若《[至正]四明續志》，頗紀郡中板刻，而他州闕如。今最録世有傳本，及見於紀載者爲《兩浙古刊本考》，分郡羅列，厘爲二卷。雖可考見者十不得四五，然大略可睹矣。

再結合兩《考》中實際引用的書目，即可窺見其史料來源的基本情形；要而言之，有以下兩大類：

第一，『最録世有傳本』，一個『最』字，説明作者最重視的就是從傳本上過録相關的刻書序跋、准印文書、經進銜名等（這也在事實上構成了兩《考》的核心内容），這也是最重要、準確的一條途徑。但這得力於一個前提，即能見到業已珍貴無比的宋元刻本。在那一時節，王氏所居之地海寧、上海，地域上是有得天獨厚的優勢。明清以來，江浙一帶早已是藏書家的聚居之地；到了清末，烏程蔣汝藻（傳書堂）、南潯劉承幹（嘉業堂）和張鈞衡（適園），更被稱爲江南藏書三大家，名噪一時。王氏本人也曾有兩次大的接觸版本的實踐，一次是1911年10月至1912年春，在日本京都協助羅振玉整理『大雲書庫』所藏的古籍、古彝器拓本等；一次即是從1919年8月，到1923年

7月，整理、撰寫了蔣氏傳書堂藏書志。〔一〕以此爲背景，得力於傳書堂豐富的藏書，王氏親見的善本書，主要就是蔣氏藏書，如《致蔣汝藻》信中顯示的『曾收一南監本《三國志》，需一參考』，『《纂圖互注禮記》於撫州本上校一過』，『《後漢書》殘頁跋訖』等。〔二〕除此之外，據《王國維全集・書信》《觀堂題跋選録》〔三〕、兩《考》本身，王氏也力所能及地向就近的涵芬樓、藝風堂、盛意園、江南圖書館等商約借書，如《監本考》卷下『《書集傳》六卷、《大字毛詩》四卷』下『常熟瞿氏藏元刊本』、『《排字九經直音》二卷』下『歸安陸氏藏元刊本』等；以及私人如羅振玉、繆荃孫、沈曾植、王秉恩、查翼甫、劉承幹等人，以資參考。這一點，還能在兩《考》中找到直接的證據。如兩《考》中大量不注明出處的准刻牒文、序跋，就當是録自蔣氏藏書，因爲多了，實在没必要一一寫明。這從

〔一〕據《王國維全集・書信》，約在1920年4月經部整理完畢，1921年春史部整理完畢；至少在1921年6月7日王氏已開始整理集部。而子部，因信中没有涉及——大概在整理集部之前業已完成，因爲子部的書不多；而蔣氏藏書，是以大量的明人集子爲主，這樣，王氏勢必在整理集部上要多費些時日，直到1923年7月29日，纔大致完成，『將來可使彼本所改者録入稿本乃完全耳』（第361頁）。此時王氏已移居北京。最終，直到1924年2月6日『兄之書目去歲已修改一次』（第390頁）後，7月『書目兩大包奉上』（第401頁），纔告完結。前後共整理了四、五年的時間。

〔二〕《王國維全集・書信》，分别爲第309、318、320頁。

〔三〕見北京圖書館善本組輯録《觀堂題跋選録》，《文獻》1981年第9、10期。亦可見《王國維全集》（第四卷），中國文史出版社1997年版，第233－285頁。

《觀堂題跋選録》中能清楚地看出，如《書古文訓》十六卷、《爾雅疏》十卷等，都是以蔣氏藏書來校勘。

但是，在王國維的時代，秘不示人仍是藏書世家恪守的信條，如天一閣藏書，就明確規定藏書歸子孫共有，非各房齊集書橱鑰匙，不得開鎖。明末以來，僅是極少數外人，如大學者黄宗羲等十餘人曾被獲准登樓翻閲。雖然王氏世居海寧，毗鄰天一閣所在地寧波，但在王氏求援閲書的人中，是没有天一閣（雖然1914年其藏書被盜，但祇是一部分）的。這足以説明其當日借書的艱辛。

整體上，其著録的内容主要爲三個方面：版式、行款；敕刻牒文；有關刻書的序跋、記載。但三個要素都全的條目不多，主要是敕刻的牒文，文多的序跋則極少著録。

第二，『見於記載者』。王氏所説的『見於記載者』，主要是各類宋代史料的記載。就兩《考》的實踐看，主要引用的是《玉海》《麟臺故事》《建炎以來朝野雜記》等，之所以如此，是因《玉海》卷四三《藝文》、《麟臺故事》卷二中《書籍、校讎》篇都是專門談論校讎、刻本情形的篇章。

次一級的是一些早期的地方志，王氏進行了全面搜尋。今核兩《考》，其引用的有《［寶慶］四明志》《［咸淳］臨安志》《［景定］建康志》《［嘉泰］會稽志》《［景定］嚴州續志》《［寶慶］會稽續志》《［至正］四明續志》等七種。這是因方志中的《學校》《文籍志》中多載有當日存放或刻印的書籍（書版）。偶爾涉及宋人的筆記，如洪邁《容齋隨筆》、張世南《游宦紀聞》、沈括《夢溪筆談》、陸游《老學庵筆記》等。而與王氏同時代的，兩《考》中提及的僅有常熟瞿氏（瞿鏞《鐵琴銅劍樓書目》）、歸安陸氏（陸心源《皕宋樓藏書志》），則其所見書目，大抵不越江南藏書的範圍。

總之，可以説，王國維在那個時代，爲撰寫兩《考》，已進行了充分的收集資料。

三、一點缺憾

但是，正如王氏本人在《兩浙古刊本考·序》中所坦言，『雖可考見者十不得四五』，客觀而論，特别是在材料的收集方面受到了一些限制（見下），這也毋庸諱言。整體看，兩《考》烙有明顯的時代印記，或者説是有一些缺憾。對此，其門人趙萬里先生在《静安先生遺著選跋·兩浙古刊本考》中業已有所指出：

> 兹姑舉其舛誤之大者言之，一曰不應收入而誤收也。……二曰以他本款式誤爲原刊也。如記元修《宋史》行款……凡此皆偶爾疏失，或草此編時，未及見原書，固未可一概而論也。〔一〕

這實際牽涉到未能目驗的缺憾，但這祇是一個方面。整體而言，兩《考》還存在以下不可忽略

〔一〕《静安先生遺著選跋·兩浙古刊本考》，第304頁。

的缺憾：

第一，一些關鍵的典籍未能徵引。上引王氏本人言，『雖可考見者十不得四五』，已明確意識到搜羅完備是不可能的（時至今日還依舊如此）；但在此基礎上稍加補苴、增添一些却是可能的。現在看來，能考見宋朝刻書史實的典籍，首推《宋會要輯稿》中的《崇儒》《刑法》，《南宋館閣録·續録》中的《儲藏》《修纂》，以及《續資治通鑑長編》《宋朝事實類苑》《玉海》《麟臺故事》《繫年要録》等。但王氏終究没能利用《宋會要輯稿》《宋朝事實類苑》《南宋館閣録》等，這有一定的原因。

清嘉慶十四年（1809），徐松利用全唐文館的便利，從《永樂大典》中簽出《宋會要》，讓寫官鈔出。同治年間，書稿散出。1915 年嘉業堂劉承幹獲得書稿，其後十多年間，劉氏倩人修成清本。1931 年國立北平圖書館從嘉業堂購得原稿。而 1916 年 2 月至 1923 年 6 月，王氏正好在上海，而且現在能考證的是王氏不僅與劉氏有交往，1917 年還曾向劉氏借閱亟需的宋本《魏鶴山集》，『丁巳（1917）夏日，余研究《唐韻》，作《唐韻別考》，亟欲睹此序（指魏鶴山《吴彩鸞唐韻·後序》），適聞歸安劉翰怡京卿新得宋本《魏鶴山集》，因移書求鈔寄此文，亟録於此』〔二〕。但在現今所能見到

〔二〕王國維：《觀堂題跋選録》，《文獻》第九期，1981 年 10 月，第 216 頁。

的《王國維全集・書信》中，無一字提及《宋會要輯稿》，也未從其結交的上海名儒如沈曾植、繆荃孫等人處得知一二。這或許祇能説，此際的劉承幹對《宋會要輯稿》一事真是守口如瓶了。這樣，王氏就與對兩《考》極具重要參考價值的《宋會要輯稿》失之交臂。

南宋陳騤《南宋館閣録》及《續録》，也是編《四庫全書》時從《永樂大典》中輯録。

或者説，王氏當日實没能對從《永樂大典》中輯佚、鈔寫的書籍給以足够的關注，或未能够及時瞭解。

至於《宋朝事實類苑》，不知緣何未加徵引。但據《羅振玉與王國維往來書信》1918年5月1日（陽曆6月9日）的書信中提到過《事實類苑》，「又查翼甫家有宋元本書出售，中有宋乾道本《路史》、元刊《釋名》、麻沙本《事實類苑》等，又有宋本《史論》《世説新語》等，令寐叟（繆荃孫）估價，然見目不見書，無從估價也」[一]，王氏其實有機會通過借閲而目驗《宋朝事實類苑》。

僅一兩種書未能目驗、徵引，固也不甚重要，然而頗具參考價值且史料衆多的書不能有效利用，却在某種程度上削弱了考訂宋朝版刻史實所能達到的深度，這可説是一個大的缺憾。如《監本考》卷中『《宋書》一百卷、《南齊書》五十九卷』等『七史』下，王氏僅舉《玉海》卷四三『嘉祐校七

[一] 羅振玉：《羅振玉與王國維往來書信》，東方出版社，2000年，第375頁

史』及《郡齋讀書志》卷二上『《宋書》一百卷』條，實際上可依次舉出：《麟臺故事校證》卷二中〔一〕、江少虞《宋朝事實類苑》卷三十一《詞翰書籍·藏書之府》第十八條〔二〕、《宋會要輯稿·崇儒四·勘書》之十八至十九〔三〕、《玉海》卷四十三《藝文》『景德群書漆板』條〔四〕等。

一番參校互證後，就能考知：嘉祐四年（1059），宋仁宗談及校勘七史，八月，命史臣編校。校勘過程中，因館閣藏本多誤，不足爲憑，編校官於是建議廣收異本。但直到六年八月始下詔徵書。七年十二月，雖有詔命校定稿送國子監刻版，但實際上進展緩慢，直到治平二年（1065），除《宋書》《北齊書》之外的五史纔校訂完畢，詔下杭州鏤版。後一直持續到政和四年（1114）『始皆畢，頒之學官』。據此亦能知北宋國子監校勘、刻書的艱辛和曲折（説明：衹有綜合各種史料，纔能正確判斷，否則就會誤判《麟臺故事》『政和四年』記載錯誤）。這樣，三館編校、刊刻『七史』的詳細進程就一目瞭然，非是王氏僅舉《玉海》《郡齋讀書志》和牒文所得到的粗略印象。

第二，因藏書家秘不示人等原因，一些宋元刻本没能目驗。大體上，王氏所見的，恐怕衹是江

〔一〕（宋）程俱撰，張富祥校證：《麟臺故事校證》，中華書局，2000年，第272頁。
〔二〕（宋）江少虞：《宋朝事實類苑》，上海古籍出版社，1981年，第397頁。
〔三〕（清）徐松輯：《宋會要輯稿》，中華書局，2006年，第2239頁。
〔四〕（宋）王應麟：《玉海》，江蘇古籍出版社、上海書店，1987年，第814頁。

南的烏程蔣氏傳書堂（全部），以及劉承幹嘉業堂、常熟瞿氏鐵琴銅劍樓、歸安陸氏皕宋樓、江南圖書館、上海涵芬樓等部分藏書，與私人藏書如羅振玉、繆荃孫、沈曾植、王秉恩等，即限於浙江、上海爲中心的江南一帶，如盛名一時的山東聊城楊氏海源閣等，就没能借閲（其自言『無由得見』）。此外，即便是1919年8、9月在天津，1923年8月以後均在北京，王氏也没能到國立北平圖書館甲庫等查尋一些善本。這不能不是一種失策，也是一個較嚴重的問題（這樣説可能有些苛責了，畢竟當日閲書不易）。

而今，則可放開視野，在更廣泛的範圍内找尋一些宋元刻本。現存宋元刻本的三個主要地區，即中國大陸、臺灣和日本（日本漢學家阿部隆一估計，宋版存世者『總共不過六、七百種』）。爲此，充分利用已影印出版的各種宋元版書籍，如《四部叢刊》《中華再造善本》《原國立北平圖書館甲庫善本叢書》等。陸心源《皕宋樓藏書志皕宋樓藏書續志》（中華書局1990年版）也可提供一些刻書史料。這樣廣泛查找的結果，就是一方面能補充、充實一些新的刊刻史料，整個刻版過程也更詳細，這一部分的量較多，如《監本考》卷中『《文選》六十卷、《文苑英華》一千卷』條下：

《麟臺故事》：大中祥符四年八月，選三館秘閣直官校理校勘《文苑英華》、李善《文選》，摹印頒行。

敕節文：五臣注《文選》傳行已久，竊見李善《文選》援引該贍，典故分明，若許雕印，必大段流布。欲乞更差國子監説書官員校定净本後鈔寫板本，更切對讀，後就三館雕造。候敕旨奉敕宜依所奏施行。

其具體摹印情形，見《宋會要輯稿·崇儒四》之三載：『（景德）四年（1007）八月，詔三館秘閣直館校理分校《文苑英華》、李善《文選》，摹印頒行。……李善《文選》校勘畢，先令刻板。又命官覆勘。未幾宫城火，二書皆燼。至天聖中，監三館書籍劉崇超上言：「李善《文選》援引該贍，典故分明，欲集國子監官校定净本，送三館雕印。」從之。天聖七年（1029）十一月，板成。又命直講黄鑑、公孫覺校對焉。』〔二〕劉崇超上言的具體時間，據《宋會要輯稿·職官二十八》，在天禧五年（1021）七月。

其第一次詔印情形，又見王應麟《玉海》卷五四《藝文·總集文章》『雍熙《文苑英華》』條：『景德四年八月丁巳，命直館校理校勘《文苑英華》及《文選》，摹印頒行。祥符二年（1009）十月己亥，命太常博士石待問校勘，十二月辛未，又命張秉、薛映、戚綸、陳彭年覆校。』

至於北宋監本《文選》的經進銜名，可見韓國奎章閣所藏六臣注《文選》卷末所附的跋語：

天聖三年（1025）五月 校勘了畢。

〔二〕《宋會要輯稿》，第2231頁。

校勘官將仕郎守許州司法參軍國學説書臣公孫覺
（以下爲賈昌朝、張健、王式、王植、王畋、黄鑑六人銜名，略）
天聖七年（1029）十一月　日雕造了畢
校勘印板承奉郎守大理寺丞充國子監直講兼北宅故河州觀察院教授臣公孫覺
校勘印板朝奉郎守秘書丞騎都尉臣黄鑑
天聖九年（1031）　月　日進呈
管勾雕造供備庫副使銀青光禄大夫檢校太子賓客兼御史大夫同管勾景靈宫公事……食邑五百户臣藍元用。
（以下爲皇甫繼明、王曙、薛奎、陳堯佐、吕夷簡四人銜名，略）

又案，這種刻版校勘經進銜名，唯一可行的方法就是據現存宋元刻本等過録，如據《中華再造善本》等影印本，而儘可能一一補足。

或增添新的條目，如《浙本考》卷下『嘉興府刊板』，能增加『秀州本六臣注《文選》』一條，并能補出秀州州學的刻書跋文：『秀州州學今將監本《文選》逐段詮次，編入李善并五臣注……元祐九年（1094）二月　日。』（韓國奎章閣藏六臣注《文選》末所附）

第三，引書不够規範，衹列書名，不言卷次，過於簡略，可以現代的學術規範補足。

第四，王氏所列的一些刻書條目（即書目）有誤，今可據原書改正。如《浙本考》卷上『南宋監本』條，是據《〔景定〕建康志》列出《周易正文》等書；今復核《宋元方志叢刊》第二册《〔景定〕建康志》卷三十三《文籍志·書籍》，還應補上《周易注》《尚書正義》等共十三種書，〔二〕即有較多的遺漏。當然，如若想補苴、完善，在此基礎上，如有的話，再補出各現存版本的刻書牌記，如《詩集傳》後『庚子淳熙七年四月十九日曾孫朝奉大夫權知筠州軍州事兼管内勸農營田事 詡 重校證刊於本州公使庫』，《纂圖互注春秋經傳集解》後『龍山書院圖書之寶』（均見《中華再造善本》），以互相發明，也是一種更好的方式。

此次國家圖書館出版社據首都圖書館藏民國十六年（1927）《王忠慤公遺書·内編》鉛印本影印出版，列入《國學基本典籍叢刊》，益於讀者瞭解這部百年前的版本學名著。

丁紅旗

二〇二一年三月

〔二〕《宋元方志叢刊》第二册《〔景定〕建康志》，中華書局 1990 年版，第 1885 頁。

目録

卷下

據首都圖書館藏民國十六年（1927）《王忠愨公遺書·内編》鉛印本影印原書版框高十四點二厘米，寬十點三厘米

五代两宋监本考

五代兩宋監本考

海甯王氏校印

五代兩宋監本考卷上

王忠慤公遺書內編

海甯 王國維

五代監本

甲九經三傳

舊五代史唐書明宗紀長興三年二月辛未中書奏請依石經文字刻九經印板從之

又周書馮道傳唐明宗時以諸經舛繆與同列李愚委學官田敏等取西京鄭覃所刊石經彫爲印板流布天下後進賴之

册府元龜後唐宰相馮道李愚重經學因言漢時崇儒有三字石經唐朝亦於國學刊刻今朝廷日不暇給無能別有刊立嘗見吳蜀之人鬻印板文字色類絕多終不及經典如經典校定雕摹流行深益於文教矣乃奏聞敕下儒官田敏等考校經注敏於經注長於詩傳考訂刊正援引證據聯爲篇卷先經奏定而後雕刻乃分政事堂廚錢及諸司公用錢又納及第舉人禮錢以給工人賜敏襲衣繒綵銀器幷賜司業趙鉢襲衣繒綵

又長興三年四月敕近以編注石經雕刻印板委國學每經差專知業博士儒徒五六人勘讀并注今更於朝官內別差五人充詳勘官太子賓客馬縞太常丞陳觀祠部員外郎兼太常博士段顒太常博士路航屯田員外郎田敏等朕以正經事大不同諸書雖以委國學差官勘注蓋以文字極多尚恐偶有差誤馬縞以下皆是碩儒各專經業更令詳勘貴必精研兼宜委國子監於諸色選人中召能書人謹楷寫出旋付匠人鏤刻每五百紙與減一選所減等第優與遷轉官資

五代會要長興三年二月中書門下奏請依石經文字刻九經印板敕令國子監集博士儒徒將西京石經本各以所業本經句度鈔寫注出仔細看讀然後僱召能雕字匠人各部隨帙刻印板廣頒天下如諸色人要寫經書並須依所印刻本不得更使雜本交錯其年四月敕差太子賓客馬縞太常丞陳觀太常博士段顒路航尚書屯田員外郎田敏充詳勘官兼委國子監於諸色選人中召能書人端楷寫出旋付匠人雕刻每日五紙（當依冊府元龜作每五百紙）與減一選如無選可減等第據與改轉官資

舊五代史漢書隱帝紀乾祐元年五月己酉朔國子監奏周禮儀禮公羊穀梁四經未有印板欲集學官考校雕造從之

五代會要漢乾祐元年閏五月國子監奏見在雕印九經內有周禮儀禮公羊穀梁四經未有印本欲集學官校勘四經文字鏤板從之

五代會要周廣順三年六月尚書左丞兼判國子監事田敏進印板九經書五經文字九經字樣各二部一百三十册

册府元龜周太祖廣順三年六月尚書左丞兼判國子監事田敏獻印板九經五經文字九經字樣各二部一百三十策奏曰臣等自長興三年校勘雕印九經書籍經注繁多年代殊邈傳寫紕繆漸失根源臣守官膠庠職司校定旁求援據上備雕鎸幸遇聖朝克終盛事播文德於有截傳世教以無窮謹具陳進

玉海後唐長興三年二月命國子監校正九經以西京石經本抄寫刻板頒天下四月命馬縞陳觀田敏詳勘周廣順三年六月丁巳十一經及爾雅五經文字九經字樣板成判監田敏上之各二部一百三十册四門博士李鶚書惟公羊前三禮郭嵠書

宋史儒林傳田敏後唐天成初爲國子博士詔與馬縞等同校九經晉天福四年授祭酒敏雖篤於經學亦好爲穿鑿所校九經頗以獨見自任如改尚書若綱在綱爲若綱在網又爾雅椵木槿注曰日及改曰白及如此之類甚衆世頗非之

册府元龜樊倫爲國子司業太祖廣順末尚書左丞田敏判國子監獻印板九經書流行而儒官數多是非倫掇拾舛誤訟於執政又言敏擅用賣書錢千萬請下吏訊詰樞密使王峻以素聞敏大儒左右之密訊其事搆致無狀然於其書至今是非未悉

宋史儒林傳聶崇義漢乾祐中累官至國子監禮記博士校定公羊春秋刊板於國學

金石錄右後唐汾陽王眞堂記李鶚書鶚五代時仕至國子丞九經印板多其所書前輩頗貴重之余後得此記其筆法蓋出歐陽率更然窘於法度而韻不能高非名書也

揮麈錄毋昭裔貧賤時嘗借文選於交游間其人有難色發憤異日若貴當板以鏤之遺學者後仕王蜀爲宰相遂踐其言印行書籍創見於此事載陶岳五代史補後唐平蜀明宗命太學

博士李鍔書五經倣其製作刊板於國子監爲監中印書之始
明淸家有鍔書五經印本存焉後題長興二年也

容齋續筆予家有舊監本周禮其末云大周廣順三年五月雕造九經書畢前鄉貢三禮郭嵠書列宰相李穀范質判監田敏等銜於後經典釋文末云顯德六年己未三月太廟室長朱延熙書宰相范質王溥如前而田敏以禮部尚書爲詳勘官此書字畫端嚴有楷法更無舛誤

直齋書錄解題九經字樣一卷往宰城南出謁有持故紙鬻於道者得此書乃古京本五代開運丙午所刻也遂爲家藏書籍之最古者

宋無名氏愛日齋叢鈔通鑑云唐明宗之世宰相馮道李愚請令判國子監田敏校定九經刻板印賣朝廷從之後周廣順三年六月丁巳板成獻之由是雖亂世九經傳布甚廣此言宰相請校正九經印賣當是前長興三年事至是二十餘載始辦田敏爲漢使楚假道荆南以印本五經遺高從誨（宋史田敏傳亦記此事但不著時代）意其廣順以前五經先成

張淳儀禮識誤序此書初刊於周廣順之三年復校於顯德之六年本朝因之所謂監本者也（卷一又引顯德中吉觀國所校監本）

右宋人所記五代監本九經大略如此其中不無小小牴牾當分別論之一監本九經雖依唐石經文字然唐石經專刊經文監本則兼經注考六朝以後行世者只有經注本無單經本唐石經雖單刊經文其所據亦經注本如周易前題王弼注尙書題孔氏傳毛詩題鄭氏箋周禮儀禮禮記均題鄭氏注左傳上題春秋經傳集解下題杜氏公羊上題春秋公羊經傳解詁下題何休學穀梁題范甯集解孝經題御製序及注論語題何晏集解爾雅題郭璞注又注家略例序文無不載入是石經祖本本有注文但刊時病其文繁故存其序例刊落其注耳監本反是雖兼經注非徑以經注本上板乃用石經經文而取經注本之注以加之故長興三年敕云編注石經會要云將西京石經本各以所業本經句度鈔寫注出則其淵源編寫可得而知然監本經文雖依石經亦非無所校定如禮記不以月令爲首尙書若網在綱改爲若網在

網顯與石經本殊異此當辨者一也二監本九經固發端於吳蜀印板文字然王仲言以爲倣蜀毋昭裔文選製作則大不然昭裔相蜀在孟昶明德二年（晉清泰二年）至廣政十六七年尚在相位仲言謂其相王蜀已非事實其刊文選在相蜀後不得在長興之前又通鑑載昭裔開學館刻九經在廣政十六年（即周廣順三年）孔平仲珩璜新論亦云周廣順中蜀毋昭裔請刊印板九經正田敏九經板成之歲昭裔所刊當倣其製（此即蜀大字九經與石經無涉）近人或廣王仲言之說謂蜀本九經先於監本尤乖事實此當辨者二也三監本經數雖或云九經或云五經實則易書詩三禮春秋三傳外尚有孝經論語爾雅附以五經文字九經字樣與唐石經種數正同此當辨者三也四監本刊刻次序則五經與孝經論語爾雅五經文字九經字樣皆成於晉漢之間故漢時田敏奉使以印本五經遺高從誨（據宋史敏傳兼有孝經）而五經文字九經字樣亦有開運丙午田敏序至二禮二傳則經始於乾祐斷手於廣順至是遂幷九經進御此當辨者四也五監本書人則五經孝經論語爾雅皆李鶚書王仲言謂

其家有李鶚書五經玉海載景德二年國子監言尙書孝經論語爾雅字體訛舛請以李鶚本別雕是石晉以前所刊皆鶚一人書至二禮二傳刊於周初者則周禮公羊皆郭嵠書儀禮穀梁雖不詳書人姓名然以前事例之疑亦嵠書王伯厚謂嵠但書公羊以洪氏所藏周禮證之分明未審此當辨者五也六監本行欵據日本室町氏所刊爾雅（古佚叢書有復刊本）末有將仕郎守國子四門博士臣李鶚書一行其本避南宋諱當是南渡後重翻五代監本或翻北宋時遞翻之本（觀釋草椒木欓注日及不作白及是經宋人修改之證）其書每半葉八行行大十六字小二十一字與唐人卷子本大小行款一一相近竊意此乃五代南北宋監中經注本舊式他經行款固不免稍有出入然大體當與之同（如北宋刊諸經疏雖每行字數各經不同然皆半葉十五行）如吳中黃氏所藏周禮秋官二卷昭文張氏所藏禮記殘卷內府所藏孟子章句十四卷皆與李鶚本爾雅同一行款疑亦宋時監本若翻監中之本又後來公私刊本若建大字本興國軍本盱江廖氏及相臺岳氏本凡八行十七字之本殆皆淵源於此此當辨者六也刊本經籍以五代監本

爲首而自來罕討論及之者故輒復覼縷焉

乙經典釋文

五代會要顯德二年二月中書門下奏國子監祭酒尹拙狀稱敕准校勘經典釋文三十卷雕造印板欲請兵部尚書張昭太常卿田敏同校勘敕其經典釋文已經本監官員校勘外宜差張昭田敏詳校

玉海周顯德中詔刻序錄易書儀禮周禮四經釋文皆田敏尹拙聶崇義校勘自是相繼校勘禮記三傳毛詩音並拙等校勘又古文尚書音義周顯德六年田敏等校勘郭忠恕覆定古文並書刻板

容齋續筆予家有舊監本經典釋文末云顯德六年己未三月太廟室長朱延熙書列宰相范質王溥名而田敏以禮部尚書爲詳勘官此書字畫端嚴有楷法更無舛誤

監上

開封關葆謙上虞羅福葆同校

五代兩宋監本考卷中

王忠慤公遺書內編

海甯 王 國維

北宋監本

周易九卷略例一卷（王弼注） 尙書十三卷（孔氏傳）

毛詩二十卷（鄭氏箋） 周禮十二卷（鄭氏注）

儀禮十七卷（鄭氏注） 禮記二十卷（鄭氏注）

春秋經傳集解三十卷（杜氏） 春秋公羊經傳解詁十二卷（何休學）

春秋穀梁傳十二卷（范甯集解） 孝經一卷（御製序幷注）

論語十卷（何晏集解） 爾雅三卷（郭璞注）

五經文字三卷 九經字樣一卷

宋史儒林傳李覺淳化初上以經書板本有田敏輒刪去者數字命覺與孔維詳定

玉海景德二年九月國子監言尙書孝經論語爾雅四經訛舛請以李鶚本別雕命杜鎬孫奭校勘

又景德二年九月辛亥命侍講學士邢昺與兩制詳定尙書

論語孝經爾雅文字先是國子監言羣經摹印歲深字體訛
缺請重刻板因命崇文檢詳杜鎬諸王侍講孫奭詳校至是
畢又詔昺與兩制詳定而刊正之

又祥符七年又幷易詩重刻板本仍命陳彭年馮元校定自
是九經及釋文有訛缺者皆重校刻板

又天禧五年五月辛丑令國子監重刻經印板以歲久刓損
也

晁公武石經考異序公武異時守三榮嘗對國子監所摹長
興板本讀之其差誤蓋多矣昔議者謂大和石本校寫非精
時人弗之許而世以長興板本爲便國初遂頒布天下收向
日民間寫本不用然有訛舛無由參校判知其謬猶以爲官
旣刊定難以獨改由是而觀之石經固脫錯而石本亦難盡
從公武至少城寒暑一再易節暇日因命學官校讐之石本
（此謂蜀石經）周易說卦乾健也以下有韓康伯注略例有邢璹注禮
記月令從李林甫改定者監本皆不取外周易經文不同者
五科尚書十科毛詩四十七科周禮四十二科儀禮三十一

科禮記三十二科春秋左氏傳四十六科公羊傳二十一科穀梁傳一十三科孝經三科論語八科爾雅五科其傳注不同者猶多不可勝紀獨計經文猶三百一二科玉海張㚟又校石經與監本同異爲石經文注考異四十卷

岳珂九經三傳沿革例京師承平胄監經史多承五季之舊今故家往往有之實與俗本無大相遠

孟子十四卷音義一卷

玉海祥符四年校孟子七年正月上新印孟子及音義

周易正義十四卷　尚書正義二十卷

毛詩正義四十卷　禮記正義七十卷

春秋左傳三十六卷

玉海端拱元年三月司業孔維等奉敕校勘孔穎達五經正義百八十卷詔國子監鏤板行之易則維等四人校勘李說等六人詳勘又再校十月板成以獻書亦如之二年十月以獻春秋則維等三人校勘王炳等三人詳校邵世隆再校淳化元年十月板成詩則李覺等五人再校畢道昇等五人詳勘孔維等五人校勘淳化三年壬辰四月以獻禮記則胡迪

等五人校勘紀自成等七人再校李至等詳定淳化五年五月以獻

孔維等上校定五經正義表臣維等言臣等先奉勅校勘五經正義者今已見有成堪雕板行用者伏以三才分而書契肇啟六籍著而學校斯興由是體國辨方必宗乎典禮修文立教實本於膠庠則郁郁乎文於周爲盛矣後暨法值挾書復時經戰國或年祀遠而篇簡脫爛或師徒衆而傳授差訛存歷朝錯綜之文雖具陳解說在羣儒講論之旨亦互有異同唐貞觀中國子祭酒孔穎達考前代之文採衆家之善隨經析理去短從長用功二十四五年撰成一百八十卷自是至此三百餘年講經者止務銷文應舉者惟編節義苟期合格志望策名出身者急在干榮食祿者多忘本業一登科級便罷披尋因循而舛謬潛滋節略而宗源莫究伏維應天運統天睿文英武大聖至明廣孝皇帝陛下道高貫月德邁重瞳武達遐陬文加異俗舉前朝之墜典正歷代之舊章崇儒雅之風三王却軫闡詩書之教兩漢厚顏臣等謬以寡聞幸

塵華貫猥奉窮經之寄曾無博古之能空極覃精寧周奧義今則逐部各詳於訓解寫本皆正於字書非遇昌期難興大教既釋不刊之典願垂永代之規儻令雕印以頒行乞降絲綸之明命干犯旒冕臣等無任戰汗兢惶激切屏營之至謹奉表陳請以聞臣維等誠惶誠恐頓首頓首以聞端拱元年三月日勘官承奉郎守大理評事臣秦奭等上表勘官徵事郎守太子右贊善大夫臣胡令問勘官承奉郎守太子右贊善大夫柱國臣解貞吉勘官承奉郎守殿中丞柱國臣胡迪勘官朝奉郎守國子毛詩博士柱國賜緋魚袋臣解損勘官承奉郎守國子禮記博士賜緋魚袋臣李覺勘官承奉郎守國子春秋博士賜緋魚袋臣袁逢吉都勘官朝請大夫守國子司業賜紫金魚袋臣孔維

宋史儒林傳孔維受詔與學官校定五經疏義刻板行用功未畢被病將終召其壻鄭革口授遺表以五經疏未畢爲恨淳化二年卒

又太宗以孔頴達五經正義刊板詔孔維與李覺等校定

宋史趙安仁傳安仁雍熙二年登進士第會國子監刻五經正義板以安仁善楷隸遂奏留書之

玉海國子監刻五經正義板以趙安仁有蒼雅之學奏留書之踰年而畢

又淳化三年以前印板召前資官或進士寫之

宋史儒林傳判監李至言本監先校定諸經疏其間文字訛謬尚多深慮未副仁君好古誨人之意也蓋前所遺官多專經之士或通春秋者未習禮記或習周易者不通尚書至於旁引經史皆非素所傳習以是之故未得周詳伏見國子博士杜鎬直講崔頤正孫奭皆苦心彊學博貫九經問義質疑有所依據望令重加刊正冀除舛謬從之

玉海淳化五年判監李至言義疏釋文尚有訛舛宜更加刊定杜鎬孫奭崔頤正苦學強記請命之覆校至道二年至請命禮部侍郎李沆校理杜鎬吳淑直講崔偓佺孫奭崔頤正校定咸平元年正月丁丑劉可名上言諸經板本多誤上令頤正詳校可名奏詩書正義差誤事二月庚戌奭等改正九

十四字沆預政二年命祭酒邢昺代領其事舒雅李維李慕
清王煥劉士元與焉五經正義始畢
毛詩正義後校勘經進銜名
廣文館進士臣韋宿書
鄉貢進士臣陳元吉書
承奉郎守大理評事臣張致用書
承奉郎守光祿寺丞臣趙安仁書
勘官承奉郎守大理評事臣秦奭
勘官徵事郎守太子右贊善大夫臣胡令問
勘官承事郎守太子左贊善大夫柱國臣解貞吉
勘官中散大夫國子博士同判國子學柱國臣解損
都勘官朝請大夫守國子司業柱國賜紫金魚袋臣孔維
詳勘官將仕郎守開封府雍丘縣主簿臣孫俊
詳勘官許州觀察支使登仕郎大理寺丞兼監察御史臣王元貞
詳勘官登仕郎守將作監丞臣尹文化
詳勘官登仕郎守光祿寺丞臣牛韶

詳勘官儒林郎大理寺丞臣畢道昇
朝請郎守國子學丞臣劉鄒再校
奉直郎守太子右贊大夫臣劉鄒再校
朝請郎守殿中丞賜緋魚袋臣胡令問再校
中散大夫守國子祭酒兼尚書工部侍郎柱國會稽縣開國
男食邑三百戶賜紫金魚袋臣孔維都再校
宣德郎守尚書水部員外郎直史館兼判國子學賜緋魚袋
臣李覺都再校
淳化三年壬辰四月　　日朝散大夫給事中參知政事柱
國賜紫金魚袋臣李沆等進
正奉大夫給事中參知政事上柱國襄陵郡開國公食邑一
千戶賜紫金魚袋臣賈黃中
推忠協謀佐理功臣金紫光祿大夫尚書吏部侍郎同中書
門下平章事上柱國淸河郡開國侯食邑一千戶食實封
貳伯戶臣張齊賢
推忠協謀同德佐理功臣金紫光祿大夫尚書右僕射兼中

書門下平章事侍郎同中書門下平章事監修國史隴西
郡開國侯食邑二千一百戶食實封陸佰戶臣李昉右見日本竹添氏所藏南宋覆本

春秋左傳正義後校勘經進銜名
承奉郎守光祿寺丞臣趙安仁書
勘官承奉郎守國子禮記博士賜緋魚袋臣李覺
勘官承奉郎守國子春秋博士賜緋魚袋臣袁逢吉
都勘官朝請大夫守國子司業柱國賜紫金魚袋臣孔維
詳勘官登仕郎守高郵軍高郵縣令臣劉若納
詳勘官登仕郎守將作監丞臣潘憲
詳勘官朝奉大夫太子右贊善大夫臣陳雅
詳勘官朝奉郎守大理正臣王炳
登仕郎守大理評事臣王煥再校
文林郎守大理寺丞臣邵世隆再校
中散大夫守國子祭酒兼尚書工部侍郎柱國會稽縣開國
男食邑三百戶賜紫金魚袋臣孔維都校

淳化元年庚寅十月　日

推忠佐理功臣金紫光祿大夫行尚書戶部侍郎參知政事

上柱國太原郡開國侯食邑一千二百戶食實封貳伯戶

臣沔等進

推忠佐理功臣金紫光祿大夫行尚書戶部侍郎參知政事

上柱國隴西郡開國侯食邑一千二百戶食實封貳伯戶

臣辛仲甫

起復推忠協謀佐理功臣光祿大夫中書侍郎兼戶部尚書

同中書門下平章事監修國史上柱國東平郡開國公食

邑二千三百戶食實封陸伯戶臣呂蒙正右見沈作賓所刊左傳正義

周禮疏五十卷　儀禮疏五十卷

春秋公羊傳疏三十卷　春秋穀梁傳疏十二卷

孝經正義三卷　論語正義十卷

爾雅疏十卷

玉海至道二年判監李至請命李沆杜鎬等校定周禮儀禮

公羊穀梁傳及别纂孝經論語爾雅正義從之咸平三年三

月癸巳命祭酒邢昺代領其事杜鎬舒雅李維孫奭李慕清
王煥崔偓佺劉士元預其事凡賈公彥周禮儀禮疏各五十
卷公羊疏三十卷楊士勛穀梁疏十二卷皆校舊本而成之
孝經取元行沖疏論語取梁皇侃疏爾雅取孫炎高璉疏約
而修之又二十三卷四年九月丁亥以獻賜宴國子監進秩
有差十月九日命杭州刻板
又監景德二年六月庚寅國子監上新刻公穀傳周禮儀禮
正義印板先是有唐長興中雕九經板本而正義傳寫舛駁
太宗命校刊雕印而四經未畢上遣直講王煥就杭州鏤板
至是皆備十月甲申賜輔臣親王周禮儀禮公穀傳疏
中書門下牒奉敕國家徵求儒術啟迪化源看六籍之垂文
實百王之取法著於緗素皎若丹青乃有前脩銓其奧義爲
之疏釋播厥方來頗索隱於微言用擊蒙於後學流傳既久
譌舛遂多爰命校讐俾從刊正歷歲時而盡瘁探簡策以維
精載嘉稽古之功允助好文之理宜從雕印以廣頒行牒至
准敕故牒

景德二年六月　日牒
工部侍郎參知政事馮
兵部侍郎參知政事王
兵部侍郎平章事寇
吏部侍郎平章事畢
麟臺故事咸平四年九月翰林侍讀學士國子祭酒邢昺直
祕閣杜鎬祕閣校理舒雅直集賢院李維諸王府侍講孫奭
殿中丞李慕清大理寺丞王煥劉士玄國子監直講崔偓佺
表上重校定周禮儀禮公羊穀梁傳孝經論語爾雅七經疏
義凡一百六十五卷命摸印頒行賜宴於國子監昺加中散
大夫鎬等並遷秩至景德二年九月又命侍講學士邢昺兩
制詳定尚書論語孝經爾雅錯誤文字以杜鎬孫奭被詔詳
校疏其謬誤故也
儀禮疏後校勘經進銜名
推忠協謀翊戴佐理功臣特進守司空兼門下侍郎同中書
門下平章事昭文館大學士上柱國東平郡開國公食邑

五千七百戶臣呂蒙正
推忠協謀佐理功臣光祿大夫尚書右僕射兼門下侍郎同
中書門下平章事監脩國史上柱國隴西郡開國公食邑
三千八百戶臣李沆
朝散大夫守尚書刑部侍郎參知政事瑯琊郡開國侯食邑
一千戶食實封四百戶賜紫金魚袋臣王旦
朝散大夫給事中參知政事柱國太原郡開國伯食邑八百
戶食實封四百戶賜紫金魚袋臣王欽若
大宋景德元年六月　日
翰林侍講學士太中大夫守尚書工部侍郎兼國子監祭酒
權同句當官院事柱國河內郡開國侯食邑一千戶食實
封四百戶賜紫金魚袋臣邢昺都校
朝奉郎守國子博士騎都尉臣李慕清再校
南宮□□朝請郎守大理寺丞臣□□元再校
朝請大夫尚書虞部郎中崇文院檢討□□□護軍臣杜鎬校定
朝散大夫行尚書職方員外郎祕閣校理上柱國臣舒雅校定

承奉郎守尚書屯田員外郎直集賢院騎都尉臣李維校定

諸王府侍講承奉郎守尚書屯田員外郎兼國子監直講賜金魚袋臣孫奭校定

通直郎守太子洗馬國子監直講騎都尉杭州監彫印板臣王焕校定

宣德郎守大理寺丞國子監直講賜緋魚袋臣崔偓佺校定

右在吴門黄氏所藏儀禮單疏後

案北宋刊諸經疏存於今者臨清徐氏有周易正義日本楓山官庫有尚書正義竹添氏有南宋覆毛詩正義近藤氏有影寫左傳正義此外如儀禮公羊爾雅三疏世亦有南宋覆刊之本其行款則除易疏未見外書疏每行二十四字毛詩與左傳疏每行二十五字儀禮疏二十七字公羊二十三字至二十八字爾雅疏三十字皆半葉十五行此亦六朝以來義疏舊式也日本早稻田大學藏六朝人書禮記子本疏義每行二十八九字至三十字不等狩谷望之所藏古鈔禮記單疏殘卷每行二十六七字法國巴黎國民圖書館藏敦煌所出唐人書老子道德經義疏亦每行二十五字至三十字其餘唐人所書佛經疏亦然是五代刊九經用大字宋初刊

經疏用小字皆仍唐時卷子舊式非徒以卷帙之繁簡分大小也

又案宋初五經正義趙安仁所書最多詩疏安仁與張致用陳元吉韋宿等四人書左傳疏安仁一人書想所書尚有他種然銜名不存無從考證矣考安仁所書金剛般若經十善業道經要略父母恩重經諸石刻尚在今開封府繁臺下金剛經末題大宋太平興國二年歲次丁丑十月戊午朔八日乙卯鄉貢進士趙安仁書字體在歐柳之間趙德父評李鶚書脅於法度而韻不能高安仁亦頗似之然在刊本之中當以李趙爲最精勁矣

書義十三卷　新經詩義三十卷

周禮新義二十二卷

直齋書錄解題書義十三卷侍講臨川王雱元澤撰其父安石序之曰熙寧三年臣安石以尚書入侍遂豫政而子雱實嗣講事有旨爲之說以進八年下其說大學頒焉雱蓋述其父之學王氏三經義此其一也初熙寧六年命知制誥呂惠

卿充修撰經義以安石提舉修定又以安石子雱惠卿弟升卿爲修撰官八年安石復入相新傳乃成雱蓋主是經者也王氏學獨行於世者六十年科舉之士熟於此乃合程度前輩謂如脫墼然案其形模而出之士習膠固更喪亂乃已

又新經詩義三十卷王安石撰亦三經義之一也皆雱訓其辭而安石釋其義

又周禮新義二十二卷王安石撰熙寧八年詔頒之國子監且置之義解之首其解止於秋官不及考工記

續資治通鑑長編二百六十六熙寧八年七月詔以新脩經義付杭州成都府轉運司鏤板所入錢封樁庫半年一上中書禁私印及鬻之者杖一百許人告賞錢一百千從中書禮房請也

經典釋文三十卷

勘官登仕郎前守趙州柏鄉縣主簿臣張崇甫

勘官登仕郎前守丹州司法參軍臣李守志

勘官登仕郎試大理評事前守唐州湖陽縣監察御史賜緋魚袋臣皇甫與

勘官宣德郎試大理評事前守許州錄事參軍兼監察御史臣姜融

勘官朝請大夫行國子監丞柱國臣馮英

詳勘官通議大夫鴻臚寺卿兼判國子司業事上柱國賜紫金魚袋臣聶朝義

銀青光祿大夫檢校工部尚書司農卿兼判國子監事臣衞融

乾德三年五月　日

重詳勘官朝散大夫太子中舍權判太府寺國子監事柱國賜紫金魚袋臣陳鄂

重詳勘官山南西道節度判官奏行尚書司封郎中上柱國臣姚恕

開寶二年正月　日

推忠協謀佐理功臣金紫光祿大夫尚書吏部侍郎參知政
事上柱國東平郡開國侯食邑一千戶臣呂餘慶等進

推忠協謀佐理功臣金紫光祿大夫尚書吏部侍郎參知政
事上柱國河東郡開國侯食邑一千戶臣薛居正

推忠協謀同德佐理功臣起復光祿大夫尚書左僕射兼門
下侍郎同中書門下平章事昭文館大學士監修國史上
柱國天水郡開國公食邑二千戶食實封四百戶臣趙普

此題名見葉林宗景宋本

玉海建隆三年判監崔頌等上新校禮記釋文開寶五年判

監陳鄂與姜融等四人校孝經論語爾雅釋文上之二月李昉知制誥李穆扈蒙校定尚書釋文德明釋文用古文尚書命判監周惟簡與陳鄂重修定詔並刻板頒行

又唐陸德明尚書釋文用古文後周顯德二年郭忠恕定古文刻板太祖命判國子監周惟簡等重修開寶五年詔翰林學士李昉校定上之詔名開寶新定尚書釋文咸平二年十月乙丑孫奭請摹古文尚書音義與新定釋文並行從之奭言古文尚書釋文印板猶存請雕印

又景德二年二月甲辰命孫奭杜鎬校定莊子釋文

又爾雅音義二卷釋智騫撰吳鉉駁其舛誤天聖四年五月戊戌國子監請摹德明音義

又天聖八年九月重刊詩書釋文

羣經音辨七卷

中書門下　牒崇文院

翰林學士丁度等劄子奏昨刊修集韻曾奏取賈昌朝所撰羣經音辨七卷參酌修入備見該洽今寫錄到淨本進呈欲送中書看詳施行取

進止
牒奉
敕宜令崇文院雕印頒行牒至準
敕故牒
寶元二年十一月三日牒
工部侍郎參知政事臣李
右諫議大夫參知政事臣王
尚書左丞參知政事臣程
戶部侍郎平章事臣章
門下侍郎兼兵部尚書平章事臣張
康定二年七月五日準　中書劄子奉
聖旨管勾雕造
朝散大夫右諫議大夫參知政事輕車都尉河內郡開國
侯食邑一千戶食實封貳伯戶賜紫金魚袋臣賈昌朝
慶歷三年十月　日雕造了畢
進呈

朝散大夫右諫議大夫參知政事輕車都尉汝南郡開國
侯食邑一千八百戶食實封肆伯戶賜紫金魚袋臣范
仲淹
朝散大夫右諫議大夫參知政事輕車都尉河內郡開國
侯食邑一千戶食實封貳伯戶賜紫金魚袋臣賈昌朝
推忠協謀佐理功臣開府儀同三司行刑部尚書同中書
門下平章事兼樞密使集賢殿大學士柱國臨淄郡開
國公食邑一萬五百戶食實封叁阡戶臣晏殊
推忠協謀同德守正佐理功臣特進行工部尚書同中書
門下平章事兼樞密使昭文館大學士監修國史上柱
國京兆郡開國公食邑七千五百戶食實封貳阡肆百
戶臣章德象

輶軒使者絕代語釋別國方言十三卷

郡齋讀書志予傳方言本於蜀中後用國子監刊行本校之
多所是正其疑者兩著之

說文解字十五卷

銀靑光祿大夫守右散騎常侍上柱國東海縣開國子食邑五百戶臣徐鉉等伏奉聖旨校定許慎說文解字一部伏以振發人文興崇古道考遺編於魯壁緝蠹簡於羽陵載穆皇風允符昌運伏維應運統天睿文英武大聖至明廣孝皇帝陛下凝神繫表降鑒機先聖靡不通思無不及以爲經籍既正憲章具明非文字無以見聖人之心非篆籒無以究文字之義眷茲譌俗深惻皇慈爰命討論以垂程式將懲宿弊宜屬儒臣臣等寔媿謏聞猥承乏使徒窮懜學豈副宸謨塵瀆冕旒冰炭交集其書十五卷以編袟繁重每卷各分上下共三十卷謹詣東上閤門進上謹進

雍熙三年十一月　日翰林書學臣王惟恭臣葛湍等狀進

奉直郎守祕書省著作郎直史館臣句中正

銀靑光祿大夫守右散騎常侍上柱國東海郡開國子食邑五百戶臣徐鉉

中書門下牒徐鉉等

新校定說文解字

牒奉

敕許氏說文起於東漢歷代傳寫譌謬實多六書之蹤無所
取法若不重加刊正漸恐失其原流爰命儒學之臣共詳篆
籒之跡右散騎常侍徐鉉等深明舊史多識前言果能商榷
是非補正闕漏書成上奏克副朕心宜遣雕鐫用廣流布自
我朝之垂範俾永世以作程其書宜付史館仍令國子監雕
爲印板依九經書例許人納紙墨價錢收贖兼委徐鉉等檢
點書寫雕造無令差錯致誤後人牒至準
敕故牒

雍熙三年十一月　日牒

給事中參知政事辛仲甫

給事中參知政事呂蒙正

中書侍郎兼工部尚書平章事李昉

大廣益會玉篇三十卷

准大中祥符六年九月二十八日
勑都大提舉玉篇所狀先奉敕命指揮差官校勘玉篇一部
三十卷近方了畢遂裝寫淨本進呈其進呈本今欲雕印頒

行伏乞特降指揮事幷據翰林學士右諫議大夫知制誥兼
龍圖閣學士祕書監同修國史集賢殿修撰陳彭年等狀昨
據屯田郎中史館校勘吳銳主客員部郎直集賢院丘雍校
勘玉篇一部三十卷再看詳別無差誤並得允當者竊以篇
訓之文歲月滋久雖據經而垂範終練字之未精肅奉詔條
俾從校閱訛謬者悉加刊定敷淺者仍事討論式就編連頗
爲愜當儻頒行於普率庶上助於欽明事牒奉
勅宜依牒至准
勅故牒

玉海祥符六年九月學士陳彭年校理吳銳直集賢院丘雍
上準詔新定玉篇三十卷（崇文目曰重修）請鏤板詔兩制詳定改更之
字天禧四年七月癸亥板成賜雍金紫

字說

續資治通鑑長編紀事本末（卷百三十）紹聖二年十一月庚子三省
言國子司業龔原奏請乞檢詳前奏下贈太傅王安石家取
所進字說副本下國子監校定雕印以便學者傳習從之

大宋重修廣韻五卷

準景德四年十一月十五日

勑四聲成文六書垂法乃經籍之資始實簡册之攸先自吳楚辨音隸古分體年祀寖遠攻習多門偏旁由是差譌傳寫以之漏落矧注解之未解諒教授之何從爰命討論特加刊正仍令摹印用廣頒行期後學之無疑俾永代而作則宜令崇文院雕印送國子監依九經書例施行牒至準

勑故牒

又準大中祥符元年六月五日

敕道有形器之適物有象數之滋一爻始畫於龍圖八體遂生於鳥跡書契是造文字敎興踵事增華觸類浸長沿虞載以變本尚辭律之諧音集韻成書抑已久矣朕聿遵先志導揚素風設教崇文懸科取士考覈程準茲實用焉而舊本既譌學者多誤必豕魚之盡革乃朱紫以洞分爰擇儒臣叶宣精力校讎增損質正刊修綜其綱條灼然敘列俾之摹刻垂於將來仍特換於新名庶永昭於成績宜改爲大宋

重修廣韻牒至準

勑故牒

集韻十卷

景祐元年三月太常博士直史館宋祁三司戶部判官太常丞直史館鄭戩等奏昨奉差考校御試進士竊見舉人詩賦多誤使音韻如敘序坐坐氏氏之字或借文用意或因釋轉音重疊不分去留難定有司論難互執異同上煩

聖聰親賜裁定蓋見行廣韻韻略所載疎漏子注乖殊宜弃乃留當收復闕一字兩出數文同見不詳本意迷惑後生欲乞朝廷差官重撰定廣韻使知適從詔祁戩與國子監直講王洙同刊脩刑部郎中知制誥丁度禮部員外郎知制誥李淑詳定又以都官員外郎崇政殿說書賈昌朝嘗纂羣經音辨奏同刊修至寶元二年九月書成上之

寶元二年九月十一日

延和殿

進呈奉

聖旨鏤版施行
校勘天平軍節度推官承奉郎試大理評事充國子監
直講兼冀王潤王宮教授臣趙師民
校勘朝奉郎祕書省著作佐郎充國子監直講兼蘇王
宮伴讀武騎尉臣孫錫
刊脩宣德郎守大理寺丞史館檢討兼國子監直講同
知太常禮院臣王洙
刊脩宣德郎守尚書刑部員外郎直史館同脩起居注
判三司鹽鐵勾院上騎都尉賜緋魚袋臣宋祁
刊脩朝奉郎尚書司封員外郎直集賢院兼天章閣侍
講判大府寺同管勾國子監事輕車都尉賜緋魚袋
臣賈昌朝
刊脩龍圖閣直學士朝散大夫行起居舍人權知開封
府兼畿內勸農使上騎都尉陽武縣開國男食邑三
百戶賜紫金魚袋臣鄭戩
詳定翰林侍讀學士朝散大夫行尚書吏部員外郎史

館脩撰充宗正寺脩玉牒官勾當三班院并管勾祥
源觀事輕車都尉平棘縣國伯食邑八百戶賜紫金
魚袋臣李淑
詳定翰林學士兼侍讀學士朝請大夫尚書左司郎中
知制誥判祕閣兼判太常禮院羣牧使柱國濟陽郡
開國侯食邑一千一百戶賜紫金魚袋臣丁度
慶曆三年八月十七日雕印成
延和殿
進呈奉
聖旨送
國子監施行
朝散大夫右諫議大夫參知政事輕車都尉河內郡開
國侯食邑一千戶食實封貳百戶賜紫金魚袋臣賈
昌朝
推忠協謀佐理功臣開府儀同三司行刑部尚書同中
書門下平章事兼樞密使集賢殿大學士上柱國臨

淄郡開國公食邑一萬五百戶食實封叄阡壹伯戶
臣晏殊
推忠協謀同德守正佐理功臣特進行工部尚書同中
書門下平章事兼樞密使昭文館大學士上柱國京
兆郡開國公食邑七千五百戶食實封貳阡肆百戶
臣章得象

韻略五卷
玉海景德四年十一月戊寅詔頒行新定韻略送冑監鏤板
先以舉人用韻多異詔殿中丞丘雍重定切韻陳彭年言省
試未有條格命晁迥崔遵度等詳定刻于韻略之末
又祥符四年六月詳定諸州發解條例附於韻略
又書目韻略五卷景德四年龍圖待制戚綸等承詔詳定考
試聲韻綸等以丘雍所定切韻同用獨用例及新定條例參
定

禮部韻略五卷
玉海景祐四年六月丙申以丁度所修韻略五卷頒行初說

書賈昌朝言韻略多無訓釋疑混聲重疊字舉人誤用詔度
等刊定窄韻十三許附近通用混聲重字具爲解注
中書門下牒　　牒刊修廣韻所
翰林學士兼侍讀學士尚書刑部郎中知制誥丁度劄子奏
昨奉　勑詳定刊修廣韻韻略所有韻略今將舊本看詳其
閒文字多無解訓并疑混聲及重疊出字不顯義理致誤舉
人使用今取合入詩賦使用聲韻要切文字重修韻略除義
理灼然可曉更不解釋外於逐字下各著訓說或引經史爲
證又有獨用韻苦窄者難爲著撰聲律文字凡一十三處並
許依本字下注解使用上件禮部韻略幷刪定附韻條制謹
取有唐諸家韻本詳據許令通用其疑混聲及重疊出字各
先寫錄進呈如可施行欲望却降付刊修所鏤板訖送國子
監印造頒行取　進止
景祐四年六月　日牒
禮部侍郎參知政事石
吏部侍郎參知政事程

戶部侍郎參知政事韓
戶部侍郎平章事陳
門下侍郎平章事王

史記一百三十卷　漢書一百二十卷
後漢書九十卷（以上並淳化五年）　後漢書志三十卷（乾興元年）

麟臺故事淳化五年七月選官分校史記前後漢書虞部員外郎崇文院檢討兼祕閣校理杜鎬屯田員外郎祕閣校理舒雅都官員外郎祕閣校理吳淑膳部郎中直祕閣潘慎修校史記度支郎中直祕閣朱昂再校又命太常博士直昭文館陳充國子博士史館檢討阮思道著作佐郎直昭文館尹少連著作佐郎直史館趙況著作佐郎直集賢院趙安仁將作監丞直史館孫何校前後漢書既畢遣內侍裴愈齎本就杭州鏤板（玉海略同）

內府藏漢書卷尾題淳化五年奉敕刊正至道三年呂端等進見天祿琳瑯惜未載全文又南宋翻後漢書卷末題右奉淳化五年七月二十五日敕重校定刊正後題承奉郎守將作監丞直史館賜緋魚袋臣孫何承奉郎守祕書省著作佐郎直集賢院賜緋魚袋臣趙安仁二行下闕

又眞宗謂宰相曰太宗崇尚文史而三史板本如聞當時校

勘官未能精詳尚有謬誤當再加刊正乃命太常丞直史館
陳堯佐著作郎直史館周起光禄寺丞直集賢院孫僅丁遜
覆校史記尋而堯佐出知壽州起任三司判官又以著作佐
郎直集賢院任隨領其事景德元年校畢任隨等上覆校史
記幷刊誤文字五卷詔賜帛有差又命駕部員外郎直祕閣
刁衎右司諫直史館晁迥與丁遜覆校前後漢書板本迥知
制誥又以祕書丞直史館陳彭年同其事至二年七月衎等
上言漢書歷代名賢競爲注釋是非互出得失相參至有章
句不同名字交錯苟無依據皆屬闕疑其餘則博訪群書掄
觀諸本儻非明白安敢措辭雖謝該通粗無臆說凡修正三
百四十九簽正三千餘字錄爲六卷以進賜衎等器幣有差
中書門下牒再校勘前漢書牒奉
敕國家治洽承平政先稽古顧茲三史繼彼六經昔嘗列於
學官今見施於貢舉淳化中慎擇儒士俾之校讐尋募工徒
已從摹印討論之際雖務精研刊刻之閒猶或差謬是再加
於鉛槧庶悉辨於魯魚克正前書式賁素業牒至準

敕故牒

景德二年七月十八日牒

工部侍郎參知政事馮

兵部侍郎參知政事王

兵部侍郎平章事寇

吏部侍郎平章事畢 何小山煌所校漢書引景德本有此牒

中書門下牒國子監翰林侍講學士尚書工部侍郎知審官院事兼判國子監孫奭奏臣忝膺朝命獲次近班思有補於化文輒干塵於睿覽竊以先生典訓在述作以惟明歷代憲章徵簡策而何見鋪觀載籍博考前聞制禮作樂之功世存沿襲天文地理之說率有異同馬遷八書於焉咸在班固十志得以備詳光武嗣西漢而興范曄繼東觀之作成當世之茂典列三史以並行克由聖朝刊布天下雖紀傳之類與遷固以皆同書志之間在簡編而或闕臣竊見劉昭注補後漢志三十卷蓋范曄作之於前劉昭述之於後始因亡佚終遂補全綴以遺文申之奧義至於輿服之品具載規程職官之

宜各存制度儻加鉛槧仍俾雕鏤庶成一家之書以備前史之闕伏□晉宋書等例各有志獨前後漢有所未全其後漢志三十卷欲望聖慈許令校勘雕印如允臣所奏乞差臣與各官共同校勘兼乞差劉崇超都大管勾伏候敕旨牒奉敕宜令國子監依孫奭所奏施行牒至准敕故牒

乾興元年十一月十四牒

右諫議大夫參知政事魯

給事中參知政事呂

中書侍郎兼禮部尚書平章事王

守司徒中書令（下闕黃復翁所藏宋本有此牒）

玉海乾興元年十一月戊寅校定後漢志三十卷頒行

容齋四筆劉昭注補志三十卷本朝乾興元年刊國子監孫奭始奏以備前史之闕故淳化五年監中所刊後漢書凡九十卷惟帝后紀十卷列傳八十卷尚無志焉

麟臺故事景祐二年九月詔翰林學士張觀等刊定前漢書孟子下國子監頒行議者以爲前代經史皆以紙素傳寫雖

有舛誤然尚可參讎至五代官始用墨板摹六經誠欲一其文字使學者不惑至太宗朝又摹印司馬遷班固范曄諸史與六經皆傳於是世之寫本悉不用然墨板訛駁初不是正而後學者更無他本可以刊驗會祕書丞余靖言前漢書官本差舛請行刊正因詔靖及王洙盡取祕閣古本對校踰年乃上漢書刊誤三十卷至是改舊摹板以從新校然猶有未盡者而司馬遷范曄史尤多脫略惜其後不復有古本可正其舛謬者云明年以校勘史記漢書祕書丞余靖爲集賢校理大理評事國子直講王洙爲史館檢討賜詳定官翰林學士張觀知制誥李淑宋郊器幣有差

景祐元年九月祕書丞余靖上言國子監所印兩漢書文字舛譌恐誤後學臣謹參括衆本旁據他書列而辨之望行刊正詔送翰林學士張觀等詳定聞奏又命國子監直講王洙與靖偕赴崇文院讐對（中略）靖洙悉取館閣諸本參校二年九月校書畢凡增七百四十一字損二百一十二字改正一千三百九字（大德本漢書有此一葉）

景祐元年九月祕書丞余靖上言國子監所印兩漢書文字舛譌恐誤後學臣謹參括衆本旁據他書列而辨之望行刊正詔送翰林學士張觀等詳定聞奏又命國子監直講王洙與靖偕赴崇文院讐對（中略）靖洙悉取館閣諸本參校二年九月校畢凡增五百一十二字損一百四十三字改正四百一十一字（大德本後漢書有此一葉）

玉海嘉祐六年十二月命祕書丞陳繹重校前漢書又詔參政歐陽修看詳熙甯二年八月六日參政趙抃進新校漢書印本五十册及陳繹所著是正文字七卷賜繹銀絹（內府藏本漢書景祐元年余靖上言有嘉祐六年陳繹重校歐陽修看詳雕印熙甯二年成書奏御各銜名見天祿琳琅）

三國志六十五卷　晉書一百三十卷

麟臺故事咸平三年十月詔選官校定三國志晉書唐書以光祿少卿直祕閣黃夷簡太僕少卿直祕閣錢惟演都官郎中直史館劉蒙叟駕部員外郎直崇文院檢討直祕閣杜鎬太常丞直集賢院宋臯著作佐郎祕閣校理戚綸校三國志又命鎬綸與虞部員外郎史館檢討董元亨祕書丞直史館

劉鍇詳校兵部員外郎直昭文館許袞刑部員外郎直昭文
館陳袞校晉書黃夷簡續與焉而鎬綸鍇詳校如前金部郎
中直昭文館安德裕屯田郎中直昭文館句中正主客員外
郎直集賢院范貽永殿中丞直史館王希逸洎董元亨劉鍇
同校勘唐書宮苑使劉承珪領其事內侍劉崇超同之五年
校畢送國子監鏤板校勘官賜銀帛有差鍇特賜緋袋（玉海云唐書將別修不刻板）

中書門下牒　吳志

牒奉

勅書契已來簡編咸備每詳觀於淑慝實昭示於勸懲矧三
國肇分一時所紀史筆頗章於遺直策書用著於不刊諒載
籍之前言助人文之至化年紀寖遠悞謬居多爰命學徒俾
其校正宜從摸印式廣頒行牒至准

勅故牒

咸平六年十月二十九日牒

左諫議大夫參知政事

工部侍郎參知政事
兵部侍郎同中書門下平章事
門下侍郎同中書門下平章事
左僕射同中書門下平章事

咸平三年十月二十三日奉
敕校定雕印

校勘官宣德郎守祕書省著作佐郎充祕閣校理臣戚綸
校勘官宣德郎守太常丞直集賢院騎都尉臣宋皐
校勘官朝散大夫行尚書駕部員外郎崇文院撿討直祕
閣上輕車都尉賜紫金魚袋臣杜鎬
校勘官朝奉大夫尚書都官郎中直史館賜紫金魚袋臣劉蒙叟
校勘官銀青光祿大夫行太僕少卿直祕閣上柱國彭城
縣開國伯食邑八百戶臣錢惟演
校勘官銀青光祿大夫行光祿少卿直祕閣上柱國臣黃夷簡
詳校官宣德郎守祕書省著作佐郎充祕閣校理臣戚綸
詳校官朝奉郎守祕書丞直史館騎都尉臣劉鍇

詳校官中散大夫行尚書虞部員外郎充史館檢討上柱國臣董元亨

詳校官朝散大夫行尚書駕部員外郎崇文院撿討直祕閣上輕車都尉賜紫金魚袋臣杜鎬

内侍高班内品朝奉郎守内侍省内謁者監祕閣圖書三館書籍兼幹當國子監兵部官告院事武騎尉臣劉崇超

都大主管催促宮院使同幹當皇城司提舉内東崇政殿萬安宮等門提點鼓司登聞院金紫光祿大夫撿校司徒使持節勝州刺史兼御史大夫上柱國彭城郡開國公食邑二千五百戶臣劉承珪

宣德郎守起居舍人知制誥判史館事上騎都尉賜紫金魚袋李宗諤

翰林侍讀學士朝奉大夫守尚書戶部侍郎兼祕書監權主判吏部流内銓柱國譙郡開國侯食邑一千戶食實封貳伯戶賜紫金魚袋臣夏侯嶠（南宋刊吳志後有此牒及銜名）

宋書一百卷　南齊書五十九卷

梁書五十六卷　陳書三十六卷

魏書一百十四卷　北齊書五十卷

後周書五十卷

玉海嘉祐六年八月庚申詔三館祕閣校理宋齊梁陳後魏周北齊七史書有不全者訪求之

又嘉祐七年十二月詔以七史校本四百六十四卷送國子監鏤板頒行

又治平三年五月詔以七史賜二府下逮編校官

郡齋讀書志嘉祐中以宋齊梁陳魏北齊周書舛謬亡缺始命館閣職讎校曾鞏等以祕閣所藏本多誤不足憑以是正請詔天下藏書之家悉上異本久之始集治平中鞏校定南齊梁陳三書上之劉恕等上後魏書王安國上周書政和中始皆畢頒之學官民間傳者尚少

崇文院

嘉祐六年八月十一日

勑節文宋書齊書梁書陳書後魏書北齊書後周書見今國子監並未有印本宜令三館祕閣見編校書籍官員精加校

勘同與管句使臣選撰楷書如法書寫板樣如唐書例逐旋
封送杭州開板
治平二年六月　日（江安傅氏所藏宋刊南齊書有此牒）
南史八十卷　北史一百卷
隋書八十五卷
麟臺故事天聖二年六月詔右正言直史館張觀太常博士集賢校理王質晁宗慤祕閣校理陳詁光祿寺丞集賢校理李淑館閣校勘彭乘國子監直講公孫覺校勘南北史隋書及令左司郎中知制誥宋綬吏部員外郎龍圖待制劉燁提舉之
玉海天聖二年六月辛酉校南北史隋書四年十二月畢
又景祐元年四月丙辰命宋祁覆校南北史
天聖二年五月十一日上御藥供奉藍元用奉傳聖旨齎禁中隋書一部付崇文院至六月五日勅差官校勘（時命臣綬臣燁提點右正言直史館張觀等校勘觀尋爲度支判官續命黃鑑代之）仍內出板式刊造
唐書二百二十五卷

嘉祐五年六月廿六日准中書門下劄子奉
旨下杭州鏤板頒行天祿琳琅書目所著錄唐書有此二行

五代史記七十五卷
郡齋讀書志五代史記七十五卷右皇朝歐陽修永叔以薛居正史繁猥失實加修定藏於家永叔沒後朝廷聞之取以付國子監刊行

資治通鑑二百九十四卷
表
獎諭詔書
元豐八年九月十七日准尚書省劄子奉　聖旨重行校定
元祐元年十月十四日奉　聖旨下杭州鏤板
校對宣德郎祕書省正字臣張耒
校對宣德郎祕書省正字臣晁補之
校對朝奉郎行祕書省正字上騎都尉臣宋匪躬
校對朝奉郎行祕書省校書郎充集賢校理武騎尉賜緋魚袋臣盛次仲
校定承議郎充祕閣校理武騎尉賜緋魚袋臣張舜民

校定承議郎祕書省校書郎充集賢校理武騎尉賜緋魚袋臣孔武仲

校定修實錄院檢討官朝奉郎行祕書省著作佐郎武騎尉賜緋魚袋臣黃庭堅

校定宣德郎守右正言臣劉安世

校定奉議郎行祕書省著作佐郎兼侍講賜緋魚袋臣司馬康

校定修實錄院檢討官承議郎祕書省著作郎兼侍講上騎都尉賜緋魚袋臣范祖禹

中大夫守尚書右丞上柱國汲郡開國侯食邑一千八百戶食實封貳百戶賜紫金魚袋臣呂大防

通議大夫守尚書左丞上柱國平原郡開國公食邑二千五百戶食實封柒百戶臣李清臣

金紫光祿大夫守尚書右僕射兼中書侍郎上柱國東平郡開國公食邑七千一百戶食實封貳阡參佰戶臣呂公著

五服年月解

續資治通鑑長編一百五天聖五年十月乙酉翰林侍講學士孫奭言現行喪服外祖卑于舅姨大功加於嫂叔其禮顛倒今錄開寶正禮五服年月一卷請下兩制禮院詳定學士承旨

劉筠等言奭所上五服制度皆應禮然其義簡奥世俗不能盡通今解之以就平易言兩相爲服無所降殺舊皆言報者具載所爲服之人其言周者本避唐諱今復爲朞又節取假甯令附五服敕後以便有司而喪服親疎隆殺之紀乃有定制己丑詔國子監摹印頒天下

律文十二卷音義一卷　唐律疏義三十卷

玉海天聖四年十一月辛亥詔國子監摹印律文及疏頒行

又天聖七年四月判國子監孫奭言准詔校定律文及疏律殊與刑統不同本疏依律生文刑統參用後敕雖盡引疏義頗有增損今校爲定本須依元疏爲正其刑統衍文者省闕文者益以遵用舊書與刑統兼行又舊本多用俗字改從正體作律文音義一卷文義不同即加訓解詔崇文院雕印與律文並行先是四年十一月奭言諸科惟明法一科律文及疏未有印本舉人難得眞本習讀詔國子監直講楊安國趙希言王圭公孫覺宋祁楊中和校勘判監孫奭馮元詳校至七年十二月畢鏤板頒行

承奉郎守大理評事知袁州萍鄉縣事充國子監說書臣楊中和
承奉郎守大理寺丞充國子監直講臣宋祁
承奉郎守大理寺丞充國子監直講兼北宅故河州觀察院教授臣公孫覺
王府侍講兼國子監直講朝奉郎（下闕）
承奉郎守太子右贊善大夫充國子監直講騎都尉臣楊安國
翰林學士龍圖閣學士兼侍講朝請大夫尚書禮部郎中知
制誥同修國史崇文院檢討知承進銀臺司兼門下封駁
事判國子監太常禮院輕車都尉始平郡開國侯食邑一
千戶食實封肆伯戶賜紫金魚袋臣馮元
翰林侍講學士兼龍圖閣學士中奉大夫尚書兵部侍郎兼
羣牧使判國子監太常寺太常禮院上柱國樂安郡開國
公食邑二千二百戶食實封肆伯戶賜紫金魚袋臣孫
天聖七年四月　日准
勑送崇文院雕造（宋本律音義後有此十一行）
荀子二卷
將仕郎守祕書省著作佐郎充御史臺主簿臣王子韶同校

朝奉郎尚書兵部員外郎知制誥上騎都尉賜紫金魚袋臣呂夏卿重校

國子監准熙甯元年九月八日

中書劄子節文校定荀揚書所狀先准

中書劄子奉

聖旨校定荀子揚子內揚子一部先次校畢已於治平二年

十二月內申納訖今來再校荀子一部計二十卷裝寫已了

續次申納者申聞事右奉

聖旨荀子送國子監開版依揚子并音義例印造進　呈及

宣賜劄付國子監准此

校勘官將仕郎前守惠州歸善縣主簿充直講臣盧侗

校勘官登仕郎試祕書省校書郎前守許州司理參軍充直講臣王汝翼

校勘官將仕郎試祕書省校書郎前知婺州永康縣事充直講臣顏復

校勘官將仕郎試祕書省校書郎前知溫州樂清縣事充直講臣焦千之

校勘官登仕郎試祕書省著作佐郎充直講臣董唐臣

校勘官朝奉郎守尚書都官員外郎充直講上騎都尉賜緋魚袋臣黎錞

朝奉郎光祿寺丞監書庫武騎尉臣韓端彥

朝奉郎光祿寺丞管勾國子監丞公事飛騎尉臣程伯孫

管勾雕造朝請郎守祕書丞充主簿騎都尉賜緋魚袋臣畢之翰

朝散大夫尚書刑部郎中天章閣待制同知諫院兼同判國子監輕車都尉賜紫金魚袋臣呂誨

朝散大夫尚書兵部員外郎知制誥判尚書禮部貢院兼知諫院兼判國子監上騎都尉賜紫金魚袋臣錢公輔

朝散大夫給事中參知政事上輕車都尉北海郡開國公食邑二千三百戶食實封肆伯戶賜紫金魚袋臣唐介

朝散大夫右諫議大夫參知政事上護軍天水郡開國侯食邑一千戶賜紫金魚袋臣趙抃

推忠協謀同德守正亮節佐理功臣開府儀同三司行尚書左僕射兼門下侍郎同中書門下平章事集賢殿大學士上柱國兗國公食邑一萬一百戶食實封參阡肆伯戶臣曾公亮

揚子法言十三卷音義一卷

將仕郎前眞州六合縣主簿權國子監主簿臣文効

將仕郎前齊州禹城縣主簿充國子監直講臣商傅
將仕郎前汾州靈石縣令充國子監說書臣牛景
儒林郎試祕書省校書郎前陳州宛丘縣令充國子監直講編校祕閣書籍臣孫思恭
無爲軍判官將仕郎試祕書省校書郎充國子監直講編校集賢院書籍臣錢藻
宣德郎行太常寺奉禮郎管勾國子監丞公事臣趙越
朝奉郎行太常寺太祝監國子監賣書庫武騎尉臣程高
宣德郎守大理寺丞充國子監直講臣張無競
宣德郎守大理寺丞充國子監直講兼駙馬都尉宅教授臣吳申
承奉郎守大理寺丞充國子監直講臣揚褒
朝奉郎守太常丞知國子監書學兼篆石經同判登聞鼓院騎都尉賜緋魚袋臣楊南仲
編修實錄院檢討官朝奉郎尚書度支員外直祕閣兼充史館檢討同知太常禮院兼丞事兼判官告院騎都尉賜緋魚袋臣呂夏卿　校定
看詳朝奉郎尚書刑部郎中知制誥權同判吏部流內銓輕車都尉賜紫金魚袋臣邵必
看詳朝散大夫尚書刑部郎中知制誥充宗正寺修玉牒官判大府寺護軍賜紫金魚袋臣祖無擇

翰林學士朝散大夫給事中知制誥充史館修撰宗正寺修
玉牒官判太常寺兼禮儀事權判尚書禮部工部兼管勾
修纂類篇兼判祕閣祕書省同提舉集禧觀公事兼提舉
校正醫書上輕車都尉汝南郡開國侯食邑一千二百戶
食實封二百戶賜紫金魚袋臣范鎮
翰林學士兼侍讀學士朝散大夫右諫議大夫知制誥充史
館修撰判館事權判尚書都省提舉在京諸司庫務兼提
舉集禧觀公事上輕車都尉太原郡開國公食邑二千三
百戶食實封二百戶臣王珪
管勾雕造朝奉郎守祕書省著作佐郎充國子監主簿臣畢之翰
朝奉郎起居舍人直龍圖閣兼天章閣侍講同知諫院兼管
勾國子監公事上輕車都尉賜紫金魚袋臣傅卞
朝奉大夫尚書工部郎中知制誥充史館修撰宗正寺修玉
牒官兼權同判吏部流內銓判國子監上騎都尉賜紫金
魚袋臣蔡抗
推忠協謀佐理功臣金紫光祿大夫行尚書吏部侍郎參知

政事柱國天水郡開國公食邑三千戶食實封八百戶臣
趙槩
推忠協謀佐理功臣金紫光祿大夫行尚書吏部侍郎參知
政事柱國樂安郡開國公食邑二千八百戶食實封八百
戶臣歐陽修
推忠協謀同德守正佐理功臣特進行中書侍郎兼戶部尚
書同中書門下平章事集賢殿大學士上柱國廬陵郡開
國公食邑七千一百戶食實封二千二百戶臣曾公亮
推忠協謀同德守正佐理功臣開府儀同三司行尚書右僕
射兼門下侍郎同中書門下平章事昭文館大學士監修
國史兼譯經潤文使上柱國魏國公食邑一萬七百戶食
實封三千八百戶臣韓琦
道德經二卷　沖虛至德眞經八卷
南華眞經十卷
玉海咸平六年四月命杜鎬等校道德經六月畢
麟臺故事大中祥符元年六月崇文院檢討杜鎬等校定南

華眞經摹刻板本畢賜輔臣人各一本五年崇文院上列子
沖虛至德眞經詔賜親王輔臣人各一本景德中朝謁諸陵
路經列子觀詔加至德之號又命官校正其書至是刊板成
賜校勘官金帛有差二年正月諸王府侍講孫奭兼國子監
直講孫奭言莊子注本前後甚多惟郭象所注特會莊生之
旨請依道德經例差館閣衆官校定與陸德明所撰莊子釋
文三卷雕印詔奭與龍圖閣待制杜鎬同校定以聞而言者
以爲國學板本爾雅釋文頗多訛舛又命鎬奭同詳定之至
大中祥符四年又命李宗諤楊億陳彭年讎莊子序摹印而
行之先是崇文院校莊子本以其序非郭象之文去之至是
上謂其文理可尙故有是命

齊民要術十卷

玉海天禧二年八月二十六日利州轉運李昉請頒行四時
纂要齊民要術二書（皆古書陳耕植之法）詔館閣校勘鏤本摹賜（國史志天禧中頒齊民要術於天下教種植畜養之法）
葛祐之齊民要術序此書乃天聖中崇文院校本非朝廷要

人不可得
日本高山寺藏卷五卷八二卷通字闕末筆避劉太后父諱是刊行於天聖中之證每半葉八行行大十七字小二十五字

初學記 六帖 韻對

續資治通鑑長編一百三 天聖三年二月癸酉詔國子監見刊印初學記六帖韻對等書皆鈔集小說無益學者罷之

孫子七書

續資治通鑑長編三百二 元豐三年四月乙未詔校定孫子吳子六韜司馬法三略尉繚子李靖問對等書鏤板行之

黃帝內經素問二十四卷

玉海天聖四年十月十二日乙酉命集賢校理晁宗慤王舉正校定黃帝內經素問難經巢氏元方病源候論唐志五十卷五年四月乙未命國子監摹印頒行詔學士宋綬撰病源序景祐二年七月庚子命丁度校正素問

重廣補註黃帝內經素問二十四卷

將仕郎守殿中丞孫兆重改誤
朝奉郎守國子博士同校正醫書上騎都尉賜緋魚袋高保衡
朝奉郎守尚書屯田郎中同校正醫書騎都尉賜緋魚袋孫奇
朝散大夫守光祿卿直祕閣判登聞檢院上護軍林億

序臣聞安不忘危存不忘亡者往聖之先務求民之瘼恤民之隱者上主之深慈在昔黃帝之御極也以理身緒餘治天下坐於明堂之上臨觀八極考建五常以謂人之生也負陰而抱陽食味而被色外有寒暑之相盪內有喜怒之交侵夭昏札瘥國家代有將欲斂時五福以敷錫厥庶民乃與岐伯上窮天紀下極地理遠取諸物近取諸身更相問難垂法以福萬世於是雷公之倫授業傳之而內經作矣歷代寶之未有失墜蒼周之興秦和述六氣之論具明於左史厥後越人得其一二演而述難經西漢倉公傳其舊學東漢仲景撰其遺論晉皇甫謐刺而爲甲乙及隋楊上善纂而爲太素時則全元起者始爲之訓解闕弟七一通迄唐寶應中太僕王冰篤好之得先師所藏之卷大爲次註猶是三皇遺文爛然可

觀惜乎唐令列之醫學付之執技之流而薦紳先生罕言之
去聖已遠其術晻昧是以文注紛錯義理混淆殊不知三墳
之餘帝王之高致聖賢之能事唐堯之授四時舜虞之齊七
政禹修六府以興帝功文王推六子以叙卦氣伊尹調五味
以致君箕子陳五行以佐世其致一也奈何以至精至微之
道傳之以至下至淺之人其不廢絶爲已幸矣頃在嘉祐中
仁宗念
聖祖之遺事將墜于地迺
詔通知其學者俾之是正臣等承乏典校伏念旬歲遂乃搜
訪中外裒集衆本寖尋其義正其訛舛十得其三四餘不能
具竊謂未足以稱
明詔副
聖意而又採漢唐書録古醫經之存於世者得數十家叙而
考正焉貫穿錯綜磅礴會通或端本以尋支或泝流而討源
定其可知次以舊目正繆誤者六十餘字增注義者二千餘
條一言去取必有稽考舛文疑義於以詳明以之治身可以

消患於未兆施於有政可以廣生於無窮恭惟
皇帝撫大同之運擁無疆之休述先志以奉成興微學而永
正則和氣可召災害不生陶一世之民同躋于壽域矣
國子博士臣高保衡光祿卿直祕閣臣林億等謹上

難經二卷

見前

黃帝內經大素三十卷　靈樞經十二卷

甲乙經八卷

玉海嘉祐二年八月辛酉置校正醫書局於編修院命掌禹錫等五人從韓琦之言也琦言靈樞太素甲乙經廣濟千金外臺祕臺方之類多訛舛本草編載尚有所亡於是選官校正

黃帝三部鍼灸甲乙經十二卷

原序

序臣聞通天地人曰儒通天地不通人曰伎□□也雖曰方技其實儒者之事乎班固序藝文志稱儒者助人君順陰陽

明教化此亦通天地人之理也又云方技者葢論病以及國原診以知政非能通三才之奥安能及國之政哉晉皇甫謐博綜典籍百家之言沈靜寡欲者有高尚之志得風痺因而學醫習覽經方遂至於妙取黃帝素問鍼經明堂三部之書撰爲鍼灸經十二卷□□□□不能及也或曰素問鍼經明堂□□非黃帝書似出於戰國曰人生天地之間八尺之軀藏之堅脆府之大小穀之多少脈之長短血之淸濁十二經之血氣大數皮膚包絡其外可剖而視之乎非大聖上智孰能知之戰國之人何足與言大哉黃帝內經十八卷鍼經三卷最出遠古皇甫士安能撰而集之簡編脫漏者已多矣是使文字錯亂義理顛倒世失其傳學之者鮮矣唐僧甄權但修明堂圖孫思邈從而和之其餘篇第亦不能盡書之國家詔儒臣校正醫書等令取素問九靈靈樞太素經千金方及翼外臺祕要諸家善書校對玉成繕寫將備親覽恭惟主上聖哲文明光輝上下孝慈仁德蒙被衆庶大頒岐黃遠及方外使皇化兆於無窮和氣浹而充塞茲亦助神靈順陰陽明

教化之一端國子博士臣高保衡尚書屯田郎中臣孫奇光
祿卿直祕閣臣林億等上
熙寧二年四月二十三日進呈奉
聖旨鏤板施行

朝奉郎守國子博士同校正醫書上騎都尉賜緋魚袋臣高保衡
朝奉郎尚書屯田郎中同校正醫書騎都尉賜緋魚袋臣孫奇
朝散大夫守光祿卿直祕閣判登聞檢院上護軍臣林億

熙甯二年五月二日

朝散大夫右諫議大夫參知政事上護軍長安郡開國侯食
邑一千一百戶賜紫金魚袋臣王安石
推忠佐理功臣正奉大夫行右諫議大夫參知政事上柱國
南陽郡開國侯食邑一千一百戶賜紫金魚袋臣趙抃
推忠協謀同德守正亮節佐理翊戴功臣開府儀同三司行
尚書左僕射兼門下侍郎同中書門下平章事集賢殿大
學士上柱國魯國公食邑一萬一千一百戶食實封三千
八百戶臣曾公亮

推忠協謀同德守正亮節佐理功臣開府儀同三司行尚書
左僕射兼門下侍郎同中書門下平章事昭文館大學士
監修國史兼譯經潤文使上柱國鄭國公食邑一萬一千
戸食實封四千戸臣富弼

新編金匱要略方論三卷　傷寒論十卷

直齋書錄解題大凡醫書之行於世者皆仁廟朝所校定也
案會要嘉祐二年置校正醫書局於編脩院以直集賢院掌
禹錫林億校理張洞校勘蘇頌等並爲校正又命孫奇高保
衡孫兆同校每一書畢則奏上億等皆爲之序下國子監頒
行並補註本草修圖經千金翼方金匱要略傷寒論悉從摹
印天下皆知學古方書嗚呼聖朝仁民之澤遠矣

宋本金匱要略方論首題尚書司封郎中充祕閣校理臣林
億等銓次

景宋本傷寒論序題太子右贊善大夫臣高保衡尚書屯田
員外郎臣孫奇尚書司封郎中祕閣校理臣林億等謹上

新編金匱要略方論序張仲景爲傷寒雜病論合十六卷今

世但傳傷寒論十卷雜病未見其書或於諸家方中載其一
二矣翰林學士在館閣日於蠹簡中得仲景金匱玉函要略
方三卷上卷則辯傷寒中則論雜病下則載其方并療婦人
乃錄而傳之士流纔數家耳嘗以對方對證者施之於人其
効若神然而或有證而無方或有方而無證救疾治病其有
未備國家詔儒臣校正醫書臣奇先校定傷寒論次校定金
匱玉函經今又校成此書仍以逐方次於證候之下使倉卒
之際便於檢用也又采散在諸家之方附於逐篇之末以廣
其法以其傷寒文多節略故取自雜病以下終於飲食禁忌
凡二十五篇除重復合二百六十二方勒成上中下三卷依
舊名曰金匱方論臣奇嘗讀魏志華佗傳云出書一卷曰此
書可以活人每觀華佗凡所療病多尚奇怪不合聖人之經
臣奇謂活人者必仲景之書也大哉炎農聖法屬我　盛旦
恭維　主上丕承大統撫育元元頒行方書拯濟疾苦使和
氣盈溢而萬物莫不盡和矣
太子右贊善大夫臣高保衡

尚書都官員外郎臣孫奇
尚書司封郎中充祕閣校理臣林億等傳上

傷寒論序夫傷寒論蓋祖述大聖人之意諸家莫其倫擬故晉皇甫謐序甲乙鍼經云伊尹以元聖之才撰用神農本草以爲湯液漢張仲景論廣湯液爲十數卷用之多驗近世太醫令王叔和撰次仲景遺論甚精皆可施用是仲景本伊尹之法伊尹本神農之經得不謂祖述大聖人之意乎張仲景漢書無傳見名醫錄云南陽人名機仲景乃其字也舉孝廉官至長沙太守始受術於同郡張伯祖時人言識用精微過其師其言精而奧其法簡而詳非淺聞寡見者所能及自仲景于今八百餘年惟王叔和能學之其間如葛洪陶景胡洽徐之才孫思邈輩非不才也但各自名家而不能脩明之開寶中節度使高繼沖曾編錄進上其文理舛錯未嘗考正歷代雖藏之書府亦闕於讎校是使治病之流舉天下無或知者國家詔儒臣校正醫書臣奇續被其選以爲百病之急無急於傷寒今先校定張仲景傷寒論十卷總二十二篇證外

合三百九十七法除複重定有一百一十二方今請頒行太子右贊善大夫臣高保衡尚書屯田員外郎臣孫奇尚書司封郎中祕閣校理臣林億等謹上

治平二年二月四日

進呈奉

聖旨鏤板施行

朝奉郎守太子右贊善大夫同校正醫書飛騎尉賜緋魚袋臣高保衡

宣德郎守尚書都官員外郎同校正醫書騎都尉臣孫奇

朝奉郎守尚書司封郎中充祕閣校理判登聞檢院護軍賜緋魚袋臣林億

翰林學士朝散大夫給事中知制誥充史館修撰宗正寺脩玉牒官兼判太常寺兼禮儀事兼判祕閣祕書省同提舉集禧觀公事兼提舉校正醫書所輕車都尉汝南郡開國侯食邑一千三百戶賜紫金魚袋臣范鎮

推忠協謀佐理功臣金紫光祿大夫行尚書吏部侍郎參知政事柱國天水郡開國公食邑三千戶食實封八百戶臣趙槩

推忠協謀佐理功臣金紫光祿大夫行尚書吏部侍郎參知政事柱國樂安郡開國公食邑三千戶食實封八百戶臣歐陽脩

推忠協謀同德佐理功臣特進行中書侍郎兼戶部尚書同中書門下平章事集賢殿大學士上柱國廬陵郡開國公食邑七千一百戶食實封二千二百戶臣曾公亮

推忠協謀同德守正佐理功臣開府儀同三司行尚書右僕射兼門下侍郎同中書門下平章事昭文館大學士監脩國史兼譯經潤文使上柱國魏國公食邑一萬七百戶食實封三千八百戶臣韓琦

國子監

准　尚書禮部元祐三年八月八日符元祐三年八月七日酉時准　都省送下當月六日

勑中書省勘會下項醫書冊數重大紙墨價高民間難以買置八月一日奉

聖旨令國子監別作小字雕印内有浙路小字本者令所屬

官司校對別無差錯即摹印雕板並候了日廣行印造只收
官紙工墨本價許民間請買仍送諸路出賣奉
勑如右牒到奉行前批八月七日未時付禮部施行續准禮
部元祐三年九月二十日准
都省送下當月十七日
勑中書省尚書省送到國子監狀據書庫狀准
朝旨雕印小字傷寒論等醫書出賣契勘工錢約支用五千
餘貫未委於是何官錢支給應副使用本監比欲依雕四子
等體例於書庫賣書錢内借支又緣所降
朝旨候雕印了日令只收官紙工墨本價即別不收息慮日
後難以撥還欲乞
朝廷特賜應副上件錢數支使候指揮尚書省勘當欲用本
監見在賣書錢候將來成書出賣每部只收息壹分餘依元
降指揮奉
聖旨依國子監主者一依
勑命指揮施行

知兗州錄事參軍監國子監書庫臣郭直卿
奉議郎國子監主簿雲騎尉臣孫準
朝奉郎行國子監丞上騎都尉賜緋魚袋臣何宗元
朝奉郎守國子司業輕車都尉賜緋魚袋臣豐稷
朝請郎守國子司業上輕車都尉賜緋魚袋臣盛僑
朝請大夫試國子祭酒直集賢院兼徐王府翊善護軍臣鄭穆
中大夫守尚書右丞上輕車都尉保定縣開國男食邑三
百戶賜紫金魚袋臣胡宗愈
中大夫守尚書左丞上護軍太原郡開國侯食邑一千八
百戶食實封二百戶賜紫金魚袋臣王存
中大夫守中書侍郎護軍彭城郡開國侯食邑一千一百
戶食實封二百戶賜紫金魚袋臣劉摯
正議大夫守門下侍郎上柱國樂安郡開國公食邑四千
戶食實封九百戶臣孫固
太中大夫守尚書右僕射兼中書侍郎上柱國高平郡開
國侯食邑一千六百戶食實封五百戶臣范純仁

太中大夫守尚書左僕射兼門下侍郎上柱國汲郡開國公食邑二千九百戶食實封六百戶臣呂大防

脈經十卷

原序

臣等承詔典校古醫經方書所校讐中脈經一部乃王叔和之所撰集也叔和西晉高平人性度沈靖尤好著述博通經方精意診處洞識修養之道其行事具唐甘伯宗名醫傳中臣等觀其書叙陰陽表裏辨三部九候分人迎氣口神門條十二經二十四氣奇經八以舉五藏六府三焦四時之痾若網在綱有條而不紊使人占外以知內視死而別生爲至詳悉咸可按用其文約其事詳獨何哉蓋其爲書一本黃帝內經間有踈略未盡處而又輔以扁鵲仲景元化之法自餘奇怪異端不經之說一切不取不如是何以歷數千百年而傳用無豪髮之失乎又其大較以爲脈理精微其體難辨兼有數候俱見異病同脈之惑專之指下不可以盡隱伏而乃廣述形證虛實詳明聲色王相以此參伍決死生之分故得十

全無一失之繆爲果不疑然而自晉室東渡南北限隔天下
多事於養生之書實未遑暇雖好事之家僅有傳者而承疑
習非將喪道眞非夫聖人曷爲釐正恭惟主上體大舜好生
之德玩神禹叙極之文推錫福之良心鑒慎疾之深意出是
古書俾從新定臣等各殫所學博求衆本據經爲斷去取非
私大抵世之傳授不一其別有三有以隋巢元方時行病源
爲第十卷考其時而繆自破有以第五分上下卷而擷諸篇
之文別增篇目者推其本文而義無取稽是二者均之未覩
厥眞各祕其所藏爾今則考以素問九靈靈樞太素難經甲
乙仲景之書幷千金方及翼說脈之篇以校之除去複重補
其脫漏其篇第亦頗爲改易使以類相從仍舊爲一十卷總
九十七篇施之於人俾披卷者足以占外以知內視死而別
生無待飲上池之水矣國子博士臣高保衡尚書屯田郎中
臣孫奇光祿卿直祕閣臣林億謹上

熙寧元年七月十六日進呈奉
聖旨鏤板施行

朝奉郎守國子博士同校正醫書上騎都尉賜緋魚袋臣高保衡
朝奉郎守尚書屯田郎中同校正醫書騎都尉賜緋魚袋臣孫奇
朝散大夫守光祿卿直祕閣判登聞檢院上護軍臣林億
熙寧二年七月十四日
朝散大夫右諫議大夫參知政事護軍長安郡開國侯食邑一千一百戶賜紫金魚袋臣王安石
推忠佐理功臣正奉大夫行右諫議大夫參知政事上柱國南陽郡開國侯食邑一千戶賜紫金魚袋臣趙抃
推忠協謀同德守正亮節佐理翊戴功臣開府儀同三司行尚書左僕射兼門下侍郎同中書門下平章事集賢殿大學士上柱國魯國公食邑一萬一千一百戶食實封三千八百戶臣曾公亮
推忠協謀同德守正亮節佐理功臣開府儀同三司行尚書左僕射兼門下侍郎同中書門下平章事昭文館大學士監修國史兼譯經潤文使上柱國鄭國公食邑一萬一千戶食實封四千二百戶臣富弼

國子監准監關准尚書禮部符准紹聖元年六月二十五日
勅中書省尚書省送到禮部狀據國子監狀據翰林醫學本
監三學看治任仲言狀伏覩本監先准朝旨開雕小字聖惠
方等共五部出賣并每節鎮各十部餘州各五部本處出賣
今有千金翼方金匱要略方王氏脈經補註本草圖經本草
等五件醫書日用而不可缺本監雖見印賣皆是大字醫人
往往無錢請買兼外州軍尤不可得欲乞開作小字重行校
對出賣及降外州軍施行本部看詳欲依國子監申請事理
施行伏候指揮六月二十三日奉聖旨依奉勅如右牒到奉
行都省前批六月二十六日未時付禮部施行仍關合屬去
處主者一依勅命指揮施行

紹聖三年六月日雕

集慶軍節度推官監國子監書庫向宗恕
承務郎監國子監書庫曾繰
延安府臨眞縣令監國子監書庫鄧平
潁州萬壽縣令監國子監書庫郭直卿

宣義郎國子監主簿王仲嶷
通直郎國子監丞武騎尉檀宗益
朝散郎守國子監司業上輕車都尉賜緋魚袋趙挺之
朝奉郎守國子司業兼侍講雲騎尉龔原

巢氏諸病源候論五十卷

玉海見前

備急千金要方三十卷　千金翼方三十卷

直齋書錄解題見前

宋本要方題朝奉郎守太常少卿充祕閣校理判登聞檢院上護軍賜緋魚袋臣林億等校正

外臺祕要方四十卷

宋本題朝散大夫守光祿卿直祕閣判登聞檢院上護軍臣林億等上進

皇祐三年五月二十六日內降箚子臣寮上言臣昨在南方州軍連年疾疫瘴癘其尤者一軍有死十餘萬人此雖天令亦緣醫工謬妄反增其疾臣曾細詢諸州皆闕醫書習讀除

素問病源餘皆傳習僞書故所學淺俚貽誤病者欲望聖慈特出祕閣所藏醫書委官選取要用者校定一本降付杭州開板摹印庶使聖澤及於幽隱民生免於夭横奉聖旨宜令逐路轉運使指揮轄下州府軍監如有疾疫瘴癘之處於聖惠方中寫錄各用藥方出榜曉示及遍下諸縣許人抄劄仍令祕閣簡外臺祕要三兩本送國子監見校勘醫書官仔細校勘聞奏劄付孫兆准此至治平二年二月二日准中書劄子校正醫書所狀醫書有外臺祕要一項今訪聞前校正官孫兆校正已成所有淨草見在本家欲乞指揮下本家取付本局脩寫進册所貴早得了當候指揮奉聖旨依所申施行

至四年三月　日進呈訖

熙寧二年五月二日奉中書劄子奉聖旨鏤板施行

朝奉郎守國子博士校正醫書上騎都尉賜緋魚袋臣高保衡

朝奉郎尚書屯田郎中同校正醫書騎都尉賜緋魚袋臣孫奇

朝散大夫守光祿卿直祕閣判登聞檢院上護軍臣林億

熙寧二年五月二日

朝散大夫右諫議大夫參知政事上護軍長安郡開國侯食
邑一千一百戶賜紫金魚袋臣王安石
推忠佐理功臣正奉大夫行左諫議大夫參知政事上柱國
南陽郡開國侯食邑一千一百戶賜紫金魚袋臣趙抃
推忠協謀同德守正亮節佐理翊戴功臣開府儀同三司行
尚書左僕射兼門下侍郎同中書門下平章事集賢殿大
學士上柱國魯國公食邑一萬一千一百戶食實封三千
戶臣曾公亮
推忠協謀同德佐理守正亮節功臣開府儀同三司行尚書
左僕射兼門下侍郎同中書門下平章事昭文館大學士
監脩國史兼譯經潤文使上柱國鄭國公食邑一萬一千
戶食實封四千戶臣富弼

太平聖惠方一百卷　慶歷善救方一卷
皇祐簡要濟衆方五卷
玉海國史志慶歷善救方一卷八年二月癸酉頒行皇祐簡要濟衆方一云廣濟五
卷皇祐中仁宗謂輔臣曰外無善醫其令太醫簡聖惠方之

要者頒下諸道仍敕長吏拯濟令醫官使周應編三年頒行

神醫普救方

續通鑑長編（五百七）元符二年三月禮部言尚藥奉御判太醫院孔元狀乞將神醫普救方差官校正付國子監鏤板頒行從之

銅人鍼灸圖經

續資治通鑑長編（一百五）天聖五年十月壬辰醫官院上所鑄俞穴銅人式二詔一置醫官院一置相國寺先是上以鍼砭之法傳述不同俞穴有差或害人命遂命醫官王惟一考明堂氣穴經絡之會鑄銅人式又纂集舊聞訂正訛謬爲銅人針灸圖經至是上之因命翰林學士夏竦撰序摹印頒行（賜諸州在七年十二月令并書之）

銅人腧穴針灸圖經三卷

玉海先是上以鍼砭之法傳述不同命尚藥奉御王惟一考明堂氣穴經絡之會鑄銅人式又纂集舊聞訂正訛繆爲銅人腧穴針灸圖經三卷天聖五年上之摹印頒行

開寶新詳定本草二十卷

政和本草序例開寶六年詔尚藥奉御劉翰道士馬志翰林醫官翟煦張素王從蘊吳復圭王光祐陳昭遇安自良等九人詳校諸本仍取陳藏器拾遺諸書相參頗有刊正別名及增益品自馬志爲之注解仍命左司員外郎知制誥扈蒙翰林學士盧多遜刊凡二十卷御製序鏤板於國子監

開寶重定本草二十一卷

政和本草序例開寶七年詔以新定本草所釋藥類或有未允又命劉翰馬志等重詳定頗有增損仍命翰林學士李昉知制誥王祐扈蒙等重看詳凡神農所說以白字別之名醫所傳即用黑字幷目錄凡二十一卷

序三墳之書神農預其一百藥既辨本草存其錄舊經三卷世所流傳名醫別錄互爲編纂至梁正白先生陶景乃以別錄參其本經朱墨雜書時謂明白而又考彼功用爲之注釋爲七卷南國行焉逮乎有唐別加參校增藥餘八百味添注爲二十一卷本經漏攷則補之陶氏誤說則證之然而載歷

年祀又踰四百朱字墨字無本得同舊注新注其文互闕非
聖主撫大同之運永無疆之休其何以改而正之哉乃命盡
考傳誤刊爲定本類例非允從而革焉至如筆頭灰兔毫也
而在草部今移附兔頭骨之下半天河地漿皆水也亦在草
部今移附土石類之間敗皷皮移附於獸皮胡桐淚改從於
木類紫𥔽亦木也自玉石品而取焉伏翼實禽也由蟲魚部
而移焉橘柚附於果實食鹽附於光鹽乾薑生薑同歸一說
至於雞腸蘩蔞陸英蒴藋以類相似從而附之仍採陳藏器
拾遺李含光音義或討源於別本或傳效於醫家參而較之
辨其臧否至如突屈白舊說灰類今是木根天麻根解似赤
箭今又全異去非取是特立新條自餘刊正不可悉數下採
衆議定爲印板乃以白字爲神農所說墨字爲名醫所傳唐
附今附各加顯注詳其解釋審其形性證謬誤而辨之者署
爲今注考文記而述之者又爲今案義既刊定理亦詳明今
以新舊藥合九百八十三種并目錄二十一卷廣頒天下傳
而行焉

補注本草二十一卷　本草圖經二十一卷

奏勅嘉祐二年八月三日

詔朝廷累頒方書委諸郡收掌以備軍民醫疾訪聞貧下之家難於檢用亦不能修合未副矜存之意今除在京已係逐年散藥外其三京幷諸路自今每年京府節鎮及益幷慶渭四州各賜錢二百貫餘州軍監賜錢一百貫委長吏選差官屬監勒醫人體度時令按方合藥候有軍民請令畫時給付所有神農本草靈樞太素甲乙經素問之類及廣濟千金外臺祕要等方仍差太常少卿直集賢院掌禹錫職方員外郎祕閣校理林億殿中丞祕閣校理張洞殿中丞集賢校理蘇頌共同校正聞奏臣禹錫等尋奏置局刊校並乞醫官三兩人同共詳定其年十月差醫學秦宗古朱有章赴局祗應三年十月臣禹錫臣億臣頌臣洞又奏本草舊本經注中載述藥性功狀甚多疎略不備處已將諸家本草及書史中應該係該說藥品功狀者採拾補注漸有次第及見唐顯慶中詔修本草當時修定注釋本經外又取諸般藥品繪畫成圖及

別撰圖經等辨别諸藥最爲詳備後來失傳罕有完本欲下
諸路州縣應係産藥去處並令識別人子細辨認根莖苗葉
花實形色大小并蟲魚鳥獸玉石等堪入藥用者逐件畫圖
並一一開說著花結實收採時月所用功効其番夷所産藥
即令詢問榷場市舶商客亦依此供析并取逐味各一二兩
或一二枚封角因入京人差齎送當所投納以憑照證畫成
本草圖并別撰圖經所冀與今本草經並行使後人用藥知
所依據
奏可至四年九月又准
勅差太子中舍陳檢同校正五年八月補注本草成書先上
之十一月十五日准
勅差光祿寺丞高保衡同共覆校至六年十二月繕寫成版
様依舊并目錄二十一卷仍
賜名曰嘉祐補注神農本草
嘉祐五年八月十二日進
嘉祐三年十月校正醫書所奏竊見唐顯慶中詔修本草當

時修定注釋本經外云云見前奉
詔旨宜令諸路轉運使指揮轄下州府軍監差逐處通判職
官專切管勾依應供申校正醫書所至六年五月又奏本草
圖經係太常博士集賢校理蘇頌分定編撰將欲了當奉
勅差知潁州所有圖經文字欲令本官一面編撰了當詔可
其年十月編撰成書送本局修寫至七年十二月一日進呈
奉　勅鏤板施行

嘉祐補注本草序舊說本草經神農所作而不經見漢書藝
文志亦無錄焉平帝紀云元始五年舉天下通知方術本草
者在所爲駕一封軺傳遣詣京師樓護傳稱護少誦醫經本
草方術數十萬言本草之名蓋見於此而英公李世勣等注
引班固叙黄帝內外經云本草石之寒溫原疾病之深淺此
乃論經方之語而無本草之名惟梁七錄載神農本草三卷
推以爲始斯爲失矣或疑其間所載生出郡縣有後漢地名
以爲似張仲景華佗輩所爲是又不然也淮南子云神農嘗
百草之滋味一日而七十毒由是醫方興焉蓋上世未著文

字師學相傳謂之本草兩漢以來名醫益衆張機華佗輩始因古學附以新說通爲編述本草繇是見於經錄然舊經才三卷藥止三百六十五種至梁陶隱居又進名醫别錄亦三百六十五種因而注釋分爲七卷唐顯慶中監門衛長史蘇恭又摭其差謬表請刊定乃命司空英國公李世勣等與恭參考得失又增一百一十四種分門部類廣爲二十卷世謂之唐本草國朝開寶中兩詔醫工劉翰道士馬志等相與撰集又取醫家嘗用有效者一百三十三種而附益之仍命翰林學士盧多遜李昉王祐扈蒙等重爲刊定乃有詳定重定之目並鏤板摹行由此醫者用藥遂知適從而僞蜀孟昶亦嘗命其學士韓保昇等以唐本圖經參比爲書稍或增廣世謂之蜀本草今亦傳行是書自漢迄今甫千歲其間三經譔著所增藥六百餘種收採彌廣可謂大備而知醫者猶以爲傳行既久後來講求浸多參校近之所用頗亦漏略宜有纂錄以備頤生敺疾之用嘉祐二年八月有詔臣禹錫臣億臣頌臣洞等再加校正臣等亦既被命遂更研覈竊謂前世醫

工原診用藥隨效輒記遂至增多槩見諸書浩博難究雖屢
加刪定而去取未一或本經已載而所述粗略或俚俗嘗用
而大醫未聞嚮非因事詳著則遺散多矣乃請因其疏梧更
爲補注應諸家醫書藥譜所載物品功用並從採掇惟名近
迂僻類乎怪誕則所不取自餘經史百家雖非方餌之急其
間或有參說藥驗較然可據者亦麤收載務從該洽以副詔
意凡名本草者非一家今以開寶重定本爲正其分布卷類
經注雜糅間以朱墨並從舊例不復釐改凡補注並據諸書
所說其意義與舊文相參者則從刪削以避重複其舊已著
見而意有未完後書復言亦具存之欲詳而易曉仍每條並
以朱書其端云臣等謹案某書云某事其別立條者則解於
其末云見某書凡所引書以唐蜀二本草爲先他書則以所
著先後爲次第凡書舊名本草者今所引用但著其所作人
名曰某惟唐蜀本則曰唐本云蜀本云凡字朱墨之別所謂
神農本經者用朱字名醫因神農舊條而有增補者以墨字
閒於朱字餘所增者皆别立條並以墨字凡陶隱居所進者

謂之名醫別錄並以其注附於末凡顯慶所增者亦注其末曰唐本先附凡開寶所增者亦注其末曰今附凡今所增補舊經未有者於逐條後開列曰新補凡藥舊分上中下三品今之新補難於詳辯但以類附見如綠礬次於礬石山薑花次於豆蔻扶移次於水楊之類是也凡藥有功用本經未見而舊注已曾引據今之所增但涉相類更不立條並附本注之末曰續注如地衣附於垣衣燕覆附於通草馬藻附於海藻之類是也凡舊注出於陶氏者曰陶隱居云出於顯慶者曰唐本注出於開寶者曰今注其開寶考據傳記者別曰今按今詳又按皆以朱字別於其端凡藥名本經已見而功用未備今有所益者亦附於本注之下凡藥有今世已嘗用而諸書未見無所辯證者如葫蘆巴海帶之類則請從太醫衆論參議別立爲條曰新定舊藥九百八十三種新補八十三種附於注者不預焉新定一十七種總新舊一千八十二條皆隨類粗釋推以十五凡則補注之意可見矣舊著開寶英公陶氏三序皆有義例所不可去仍載於首篇云

本草圖經序昔神農嘗百草之滋味以捄萬民之疾苦後世師祖由是本草之學興焉漢魏以來名醫相繼傳其書者則有吳普李當之藥錄陶隱居蘇恭等注解國朝兩詔近臣總領上醫兼集諸家上醫之說則有開寶重定本草其言藥之良毒性之寒温味之甘苦可謂備且詳矣然而五方物產風氣異宜名類既多贋偽難别以虺牀當蘼蕪以薺苨亂人參古人猶且患之況今醫師所用皆出於市賈市賈所得蓋自山野之人隨時採獲無復究其所從來以此爲療欲其中病不亦遠乎昔永徽中刪定本草之外復有圖經相輔而行圖以載其形色經以釋其同異而明皇御製又有天寶單方藥圖皆所以叙物眞濫使人易知原診處方有所依據二書失傳且久散落殆盡雖鴻都祕府亦無其本天寶方書但存一卷類例粗見本末可尋宜乎聖君哲輔留意於蒐輯也先是詔命儒臣重校神農本草等凡八書光祿卿直祕閣臣禹錫尚書祠部郎中祕閣校理臣億太常博士集賢校理臣頌殿中丞臣檢光祿寺丞臣保衡相次被選仍領醫官秦宗古朱

有章等編繹累年既而補注本草成書奏御又詔天下郡縣圖工所產藥本用永徽故事重命編述臣禹錫以爲考正羣書資衆見則其功易就論著文字出異手則其體不一今天下所上繪事千名其解說物類皆據世醫之所聞見事有詳略言多鄙俚向非專一整比緣飾以文則前後不倫披尋難曉乃以臣頌向嘗刻意此書於是建言奏請俾專撰述臣頌既被旨則裒集衆說類聚詮次粗有條目其間玉石金土之名草本蟲魚之別有一物而雜出諸郡者有同名而形類全別者則參用古今之說互相發明其荄梗之細大華實之榮落雖與舊說相戾並兼存之崖略不備則稍援舊說以足成文意注又不足乃更旁引經史及方書小說以條悉其本原若陸英爲蒴藋花則據爾雅之訓以言之諸香本同則用嶺表錄異以證之之類是也生出郡縣則以本經爲先今時所宜次之若菟絲生於朝鮮今則出於冤句奚獨生於少室今乃來自三蜀之類是也收採時月有不同者亦兩存其說若赤箭本經但著采根今乃并取莖苗之類是也生於外夷者

則據今傳聞或用書傳所載若玉屑玉泉今人但云玉出於于闐不究所得之因乃用高居誨行程記爲質之類是也藥有上中下品皆用本經爲次第其性類相近而人未的識或出於遠方莫能形似者但於前條附之若溲疏附於枸杞琥珀附於茯苓之類是也又古方書所載簡而要者昔人已述其明驗今世亦嘗用之及今諸郡醫工所陳經效之藥皆幷載其方用天寶之例也自餘書傳所無今醫又不能解則不敢以臆說淺見傅會其文故但闕而不錄又有今醫所用而舊經不載者並以類次系於末卷曰本經外類其間功用尤著與舊名附近者則次於逐條載之若通脫次於木通石蛇次於石蟹之類是也總二十卷目錄一卷撰次甫就將備親覽恭惟主上以至仁厚德函養生類一物失所則爲之惻然且謂札瘥薦臻四時代有救恤之惠無先醫術蚤歲屢敕近臣讐校岐黃內經重定鍼艾俞穴或範金揭石或鏤板聯編憫南方蠱惑之妖於是作慶歷善救方以賜之思下民貧用之闕於是作簡要濟衆方以示之今復廣藥譜之未備圖地

產之所宜物色萬殊指掌斯見將使合和者得十全之效飲
餌者無未達之疑納斯民於壽康召和氣於穹壤太平之致
茲有助焉臣學不該通職預編述仰奉宸旨深媿寡聞嘉祐
六年九月日朝奉郎太常博士充集賢校理新差知潁州軍
州兼管內勸農及管句開治溝洫河道事騎都尉借紫臣蘇
頌謹上

周髀算經二卷　九章算術九卷　孫子算經三卷
術數記遺一卷　海島算經一卷　五曹算經五卷
夏侯陽算經三卷　張丘建算經三卷　五經算術二卷
緝古算經一卷

祕書省
某書幾卷共　冊
元豐七年九月　日校定降授宣德郎祕書省校書郎
臣葉祖洽上進
校定承議郎行祕書省校書郎臣王仲脩
校定朝奉郎行祕書省校書郎臣錢長卿

奉議郎守祕書丞臣韓宗古
朝奉郎試祕書少監臣孫　覺
降授朝散郎試祕書監臣趙彦若

影宋本五曹算經孫子算經夏侯陽算經後均有此九行

元豐七年九月二十八日
進呈奉
御寳批宜依已校定鏤板
朝奉郎祕書丞上騎都尉賜緋魚袋臣韓治
朝散郎試祕書少監上騎都尉賜緋魚袋臣顧臨
朝議大夫守祕書少監上護軍賜紫金魚袋臣劉攽
中大夫守尚書右丞護軍東平郡開國侯食邑二千三百戶
賜紫金魚袋臣呂大防
通議大夫守尚書左丞上柱國平原郡開國公食邑二千八
百戶食實封伍伯戶臣李清臣
正議大夫守中書侍郎上柱國馮翊郡開國公食邑二千三
百戶食實封伍伯戶臣張璪

正議大夫守門下侍郎上柱國南陽郡開國公食邑二千一百戶食實封壹阡戶臣韓維

金紫光祿大夫守尚書右僕射兼中書侍郎上柱國東平郡開國公食邑六千二百戶食實封壹阡玖伯戶臣呂公著

正議大夫守尚書左僕射兼門下侍郎上柱國河內郡開國公食邑四千一百戶食實封壹阡伍伯戶臣司馬光

影宋本夏侯陽算經後有此十一行

案直齋書錄解題於夏侯陽算經下云元豐京監本知此十種算經當時亦由胄監刊行矣

地理新書三十二卷

翰林侍讀學士兼侍講學士朝散大夫尚書吏部郎中充史館修撰判國子監提舉集禧觀事上騎都尉賜紫金魚袋臣王洙等奉　勑管句刪修

序臣聞聖人包慮民之心其制器大備其示法詳密使民日去不善居而蕃息者也父母之於子推燥溼以養又教以水溺火焚矛戟虎豹蛇龜之能害人丁寧反覆然後知而避之

人識父母之於己生而養之也不識安而全之者父母之教也人之於父母知其大而遺其細知擇福而不知避害聖人者爲之宫室耒耜書契舟楫弧矢網罟杵臼重門皆所以興利敺害慮及萬世當是時庶工百執事黽勉于下涖官以智獻功以時爲之者百官也成之者聖人也易曰通其變使民不倦神而化之使民宜之聖人爲民父母制器示法既備且悉周於無窮昔公劉居豳太王居漆沮文王居岐陽武王居鎬代皆相其吉凶然後居之在詩曰篤公劉既景乃岡相其陰陽古公亶父聿來胥宇爰契我龜度其鮮原居岐之陽在渭之將考卜惟王宅是鎬京惟龜正之武王成之及周公營新邑亦使太保召公先卜宅獻圖兆商相傅說曰明王奉若天道建都設都然則建邦都營邑屋面方辨位以求其宜本三王之法也在周禮有建邦國都鄙之法以水地土圭槷表規日景以極星正朝夕是也秦漢以降術學蠭起占家有五行堪輿建除叢辰太一諸學世多習者其書寖廣大宋總一海內天覆地載列聖愛民之心疢然深思農田耕墾風雨祈

禬皆著勅法若醫藥針石不得其宜則夭傷所繇生也論次
爲書博士諷誦與令格勅書藏於天下又若占家之說冠昏
行人臣封葬斂日時吉凶不得其法則人逢百殃聖人之心
將欲納民於富壽其亦有取於斯也唐貞觀中太常博士呂
才奉詔撰陰陽五十篇其八篇地理也至先朝更命司天監
史序等分門總輯爲乾坤寶典四百五十篇其三十篇地理
也書既成高麗國王上表請于有司詔給以寫本然序之書
叢雜猥近無所歸詣學者抉其訛謬凡三千五百景祐初司
天監丞王承用又指摘闕誤一千九百始詔太子中允集賢
校理嵇穎冬官丞張遜太卜署令秦玠與承用覆校同異五
年而畢詔付太常命司天少監楊惟德與二宅官三十七人
詳其可否惟德洎遜斟酌新歷修正舛鑾別成三十篇賜名
曰地理新書復詔鈎覈重複至皇祐三年集賢校理曾公定
領其事奏以淺漶疏略無益於世有詔臣洙臣禹錫臣羲叟
洎公定置局刪修以司天監主簿改正其舊觀文殿學士丁
度典領焉度薨臣洙實掌其屬於是具閱三館所藏及古今

占術驗忌披其奧窔詁其苞柢管以體要區以輕重而各從攡部先後可尋自呂才成書名以地理而專記冢墓頗殺以室舍吉凶同條非著書之法今首以城邑營壘寺署郵傳市宅衢術則左陰右陽刑禍福德所相也辨之以四方敘之以五行商之以五姓憲之以九星媲之以八卦參之以八變爲地事凡二十篇終以冢穴埏道門陌頃畝則開三閉九山壟水泉所相也任之以八將齊之以六對董之以三鑑儀之以六道爲葬事凡十篇若乃岡原利害則繪之以易民用爲地圖一篇種次有彙則總之以便看讀爲目錄一篇勒成三十二篇闡之以經義辨鑿空也質之以史傳信休咎也廣之以異聞求成敗也巫史所傳則存其可據者不顯新見也辭質而易曉便於俗也伏維　皇帝陛下以聖人制作之德廣祖宗愛民之心將使斯民去夭傷刑害而遠不善則茲書之所以作也自有詔校正距今二十一年臣洙等以庸淺而黽勉於下曠日彌月然後能就若乃成而名之皆陛下也四夷有求於中國觀其書則文而不俚將以見册府藏書之盛其下

則惠逮漏泉宅兆以時聖人之仁如此惟文武受命世世忠厚詩人美之曰敦彼行葦牛羊勿踐履謂艸木微者猶能愛之況於人乎故卜世三十享國過曆若然大宋之仁溥博上下則愛民之報祚以萬年天之道也謹序

初學記三十卷

續資治通鑑長編

太平御府一千卷　　册府元龜一千卷

太平廣記五五百卷目錄十卷

臣昉等言臣先奉勅撰集太平廣記五百卷者伏以六經既分九流並起皆得聖人之道以盡萬物之情足以啟迪聰明鑒照今古伏惟　皇帝陛下體周聖啟德邁文思博綜羣言不遺衆善以爲編秩既廣觀覽難周故使采摭菁英裁成類例惟茲重事宜屬通儒臣等謬以謏聞幸塵清賞猥奉修文之寄曾無叙事之能退省疎蕪惟增醜冒其書五百卷并目錄十卷共五百十卷謹詣東上閤門奉表上進以聞冒瀆天聽臣昉等誠惶誠恐頓首頓首謹言

太平興國三年八月十三日
將仕郎守少府監丞臣呂文仲臣吳淑
朝請大夫太子中贊善柱國賜紫金魚袋臣陳鄂
中大夫太子左贊善直史館臣趙鄰幾
朝奉郎太子中允賜紫金魚袋臣董淳
朝奉大夫太子中允賜紫金魚袋臣王克貞臣張洎
承奉郎左拾遺直史館臣宋白
通奉大夫行太子率更令上柱國賜紫金魚袋臣徐鉉
金紫光祿大夫上柱國陳縣男食邑三百戶臣湯悅
朝散大夫充史館修撰上柱國賜紫金魚袋臣李穆
翰林院學士朝奉大夫中書舍人賜紫金魚袋臣扈蒙
翰林院學士中順大夫戶部尚書知制誥上柱國隴西縣開
國男食邑三百戶賜紫金魚袋臣李昉
八月二十五日奉
勑送史館六年正月奉
聖旨雕印板

玉海引會要先是帝閱類書門目紛雜遂詔修此書興國二年三月詔昉等取野史小說集爲五百卷（五十五部天郡至百卉）三年八月書成號曰太平廣記六年詔令鏤板（廣記鏤本頒天下言者以爲非學者所亟收墨板藏太清樓）

文選六十卷　文苑英華一千卷

麟臺故事大中祥符四年八月選三館祕閣直官校理校勘文苑英華李善文選摹印頒行

國子監准

勅節文五臣注文選傳行已久竊見李善文選援引該贍典故分明若許雕印必大段流布欲乞更差國子監說書官員校定淨本後抄寫板本更切對讀後就三館雕造候　勅旨

奉　勅宜依所奏施行

監中

開封關葆謙上虞羅福葆同校

五代兩宋監本考卷下

海甯　王國維

南宋監本

周易正文　尚書正文　毛詩正文　周禮正文
儀禮正文　禮記正文　春秋正經　左傳正文
公羊正文　穀梁正文　孝經正文　論語正文

右見景定建康志書籍類皆冠以本監二字此南宋監本也然北宋冑監固已有單經本直齋書錄解題載春秋經一卷每事爲一行廣德所刊古監本也古監本謂汴都監本是汴監已有但兼及他經與否殊無可考南宋渡以後則編刊諸經不獨國學即州郡亦然建康志所載九經正文尚有蜀本建本婺本新定續志所載書板亦有六經正文則監中有單經本固不足怪也

周易九卷略例一卷王弼注　尚書十三卷孔氏傳
毛詩二十卷鄭氏箋　周禮十二卷

儀禮十七卷 禮記二十卷（並鄭氏注）
春秋經傳集解三十卷（杜氏） 春秋公羊傳解詁十二卷（何休學）
春秋穀梁傳十二卷（范甯集解） 孝經一卷（御製序并注）
論語十卷（何晏集解） 爾雅三卷（郭璞注）
孟子章句十四卷（趙氏）

玉海紹興九年九月七日詔下州郡索國子監元頒善本校對鏤板

又二十一年五月詔令國子監訪尋五經三館舊監本刻板

李心傳建炎以來朝野雜記監本書籍紹興末年所刊國初艱難以來固未暇及九年九月張彥實待制爲尚書郎始請下諸道州學取舊監本書籍鏤板頒行從之然所取多有殘闕故胄監刊六經無禮記正史無漢書二十一年五月輔臣復以爲言上謂秦益公曰監中其他闕書亦令次第鏤板雖重有費不惜也由是經籍復全

魏了翁六經正誤序五季而後鏤板翻印經籍之傳雖廣而點畫義訓訛謬自若本朝胄監經史多仍周舊今故家往往

有之而與俗本無大相遠南渡草𠞊則僅取板籍於江南諸州與京師承平監本大有逕庭而與潭撫閩蜀諸本互爲異同而監本之誤爲甚柯山毛居正義甫其於經傳亦既博覽精擇嘉定十六年春朝廷命胄監刊正經籍司成謂無以易義甫馳書幣致之盡取六經三傳諸本參以子史字書選粹文集研究異同凡字義音切豪釐必校儒官稱歎莫有異辭旬歲閒刊修者凡四經乃猶以工人憚煩詭竄墨本以紿有司而板之誤字實未嘗改者十二三也繼欲修禮記春秋三傳義甫以病目移告事遂中輟

九經三傳沿革例監中現行本不無訛謬脫略之患原注監中大小本有三歲久磨滅散落未有能修補之者

周易正義十四卷　尚書正義二十卷
毛詩正義四十卷　周禮疏五十卷
儀禮疏五十卷　禮記正義七十卷
春秋左氏傳正義三十六卷　春秋公羊傳疏三十卷
春秋穀梁傳疏十二卷　孝經正義三卷

論語正義十卷　爾雅疏十卷

玉海紹興十五年閏十一月博士王之望請羣經義疏未有板者令臨安府雕造

建炎以來朝野雜記先是王瞻叔（即之望字）爲學官嘗請摹印諸經義疏及經典釋文許郡學以贍學或係省錢各市一本置之於學上許之令士大夫仕於朝者率費紙墨錢千餘緡而得書於監云

案北宋監本既爲金人輦之而北故南渡初即有重刊正義者如日本竹添氏所藏毛詩正義乃紹興九年九月十九日紹興府雕造此事是否奉行是月七日詔書抑或先已刊刻別無可考又刊經疏者紹興之外尚有何郡紹興所刊除毛詩外更有何經亦無可考至紹興十五年令臨安府雕造經疏未有板者則高宗末年羣經義疏當已盡有印板矣此種州郡刊板當時即入監中故魏華父岳倦翁均謂南渡監本盡取諸江南諸州蓋南渡初監中不自刻書悉令臨安府及他州郡刻之此即南宋監本也明黃佐南雍志經籍考所載

舊板有周易註疏十三卷儀禮註疏五十卷春秋正義三十六卷春秋公羊傳疏三十卷春秋穀梁傳疏十二卷爾雅註疏十卷雖其名或稱正義或稱疏或稱註疏然其卷數皆與北宋單疏合而與南雍之十行本註疏不合當即南宋所刊單疏舊板以其板久闕不印又明人但知有註疏不知有單疏故即以註疏目之證以爾雅疏事甚明白案爾雅疏世有三本一袁壽皆藏本後歸黃蕘圃者即阮文達爾雅校勘記所據文達言多元時補板二陸存齋藏本用元至順公牘紙印三陳仲魚藏本今藏烏程蔣氏者用洪武江南公牘紙印而欽宗嫌名亘字與高宗諱構字均闕一筆自是南宋刊本又多宋元明三朝補葉其即南雍志之爾雅註疏十卷蓋無可疑以此推之則南雍志之周易儀禮三傳諸疏卷數同於單疏而不同於注疏者即南宋監本單疏蓋可識矣南雍所有十行本注疏板本無儀禮爾雅二種故自元至明初尚補綴單疏本以彌其闕是以此二疏後世猶有傳本餘疏則自元以後殆已不復印行矣

毛詩正義後重刊歲月及銜名

紹興九年九月十九日紹興府雕造

校對官右廸功郎監潭州南嶽廟韓彰

校對官右廸功郎監潭州南嶽廟穆淮

管幹雕造官右文林郎紹興府觀察推官曾掞

管幹雕造官右文林郎紹興府觀察判官白彥良

周易程氏傳六卷　周易義海撮要十卷

景定建康志書籍易類有監本程氏傳監本義海

淳熙禮部韻略五卷

玉海淳熙元年國子監言韻略前後有增改刪削及多差舛

詔校正刊行

增修互註禮部韻略五卷

鶴山先生大全文集（卷六十三）跋毛氏增韻三衢毛氏增韻奏御之六十二年其子居正義夫膺大司成校司經籍之聘始克鋟梓於胄庠然人情異嚮趨簡厭煩故校其始著尚多刊削世之不遇者非特一增韻也

史記一百三十卷　漢書一百二十卷

後漢書一百二十卷

左迪功郎充無爲軍軍學教授潘旦校對

右承直郎充淮南路轉運司幹辦公事石蒙正監雕（此銜名二行在史記列傳二十卜）

七後

容齋續筆前紹興中分命兩淮江東轉運司刻三史板其兩漢書內凡欽宗諱並小書四字曰淵聖御名或徑易爲威字而它廟諱皆只缺畫愚而自用爲可笑也

案淮南漕司所刊史記明時板在南監今尚有印本流傳每半葉九行行十九字即元西湖書院書目明南雍志所著錄之大字史記也世又有漢書後漢書大字殘本行款相同亦即江東兩淮漕司分刊之本宋南渡初監本皆令州郡分刊則此亦即南宋監本也

三國志六十五卷

史修職郎衢州錄事參軍蔡宙校正兼監鏤板

右迪功郎衢州州學教授陸俊民校正

衢州所刊國志每半葉十行行十九字與北宋監中所刊前三史同明時板在南監此亦南宋監本也

晉書一百三十卷　宋書一百卷

南齊書五十九卷　梁書五十六卷

陳書三十六卷　魏書一百十四卷

北齊書五十卷　後周書五十卷

右南北朝七史明南雍並有九行十八字舊板即南宋監本昔人皆以爲眉山七史實則重刊北宋或眉山本耳

南史八十卷　北史一百卷

隋書八十五卷　唐書二百五十卷

五代史記七十四卷

直齋書錄解題初吳與人思溪王氏刻藏經有餘板以刊唐書及五代史𡨋郡庠中中興監書多闕遂取其板以往今監本是也

唐寫糾繆二十卷　五代史纂誤五卷雜錄一卷

直齋書錄解題宇文時中守吳興以郡庠有二史板遂取書

刻之後皆取入國子監
資治通鑑二百九十四卷
元豐七年十一月進呈　十五日有詔獎諭
元豐八年九月十七日准尚書省劄子奉　聖旨重行校定
元祐元年十月十四日奉　聖旨下杭州鏤板
校對校定諸官銜名
紹興二年七月初一日兩浙東路提舉茶鹽司公使庫下紹
興府餘姚縣刊板紹興三年十二月二十日印造進入
右迪功郎紹興府司法參軍主管本司文字兼造帳官臣邊智
右迪功郎充提舉茶鹽司幹辦公事臣常任保
右文林郎充提舉茶鹽司幹辦公事臣強公徹
右修職郎充提舉茶鹽司幹辦公事臣石公憲
右奉議郎提舉兩浙東路茶鹽司公事臣韓協
降授右朝奉郎前提舉兩浙東路茶鹽司公事臣王然
校勘監視
嵊　縣進士婁諤　進士茹贊廷

進士唐弈　進士婁時升
進士婁時敏　進士石衮
進士茹玕　進士王悆
進士張綱
右迪功郎新虔州興國縣主簿唐自
餘姚縣進士葉汝士　進士杜邦彥
進士錢移哲　進士陸宦
進士顧大冶　進士呂克勤
進士張彥衡　進士朱國輔
進士杜紘　進士孫彬
右迪功郎紹興府餘姚縣主簿王絪
右從事郎紹興府嵊縣尉薛鎡
右修職郎紹興府嵊縣丞桂祐之
左迪功郎紹興府府學教授晏肅
右迪功郎知紹興府餘姚縣丞馮榮叔
右承務郎知紹興府餘姚縣丞晏敦臨

右承奉郎知紹興府嵊縣主管勸農公事兼兵馬監押范仲將
右宣義郎知紹興府餘姚縣主管勸農公事兼監石堰鹽場徐端禮
左奉議郎簽書鎮東軍節度判官廳公事張九成

通鑑綱目五十九卷

直齋書録解題此書嘗刻於温陵別其綱謂之提要今板在監中

國語二十一卷

景定建康志書籍有監本國語

孔子家語十卷

景定建康志書籍類有監本孔子家語

荀子二十卷

困學紀聞今監本荀子乃唐與政台州所刻熙甯舊本

莊子　列子　亢桑子　文子

續資治通鑑長編紀事本末（卷百二十七）政和七年八月庚辰朔宣和殿大學士蔡攸奏莊列亢桑文子皆著書以傳後世有唐號爲經並列藏室國朝始加莊列南華沖虚之號以其書入

國子學而亢桑子文子未聞頒行乞取其書於祕書省詳加讐定列于國子之籍與莊列並行從之

又十一百二十七宣和五年十一月癸亥詔國子刊印監御注沖虛至德眞經頒之學者從祭酒蔣存誠等奏請也

監下

開封關葆謙上虞羅福葆同校

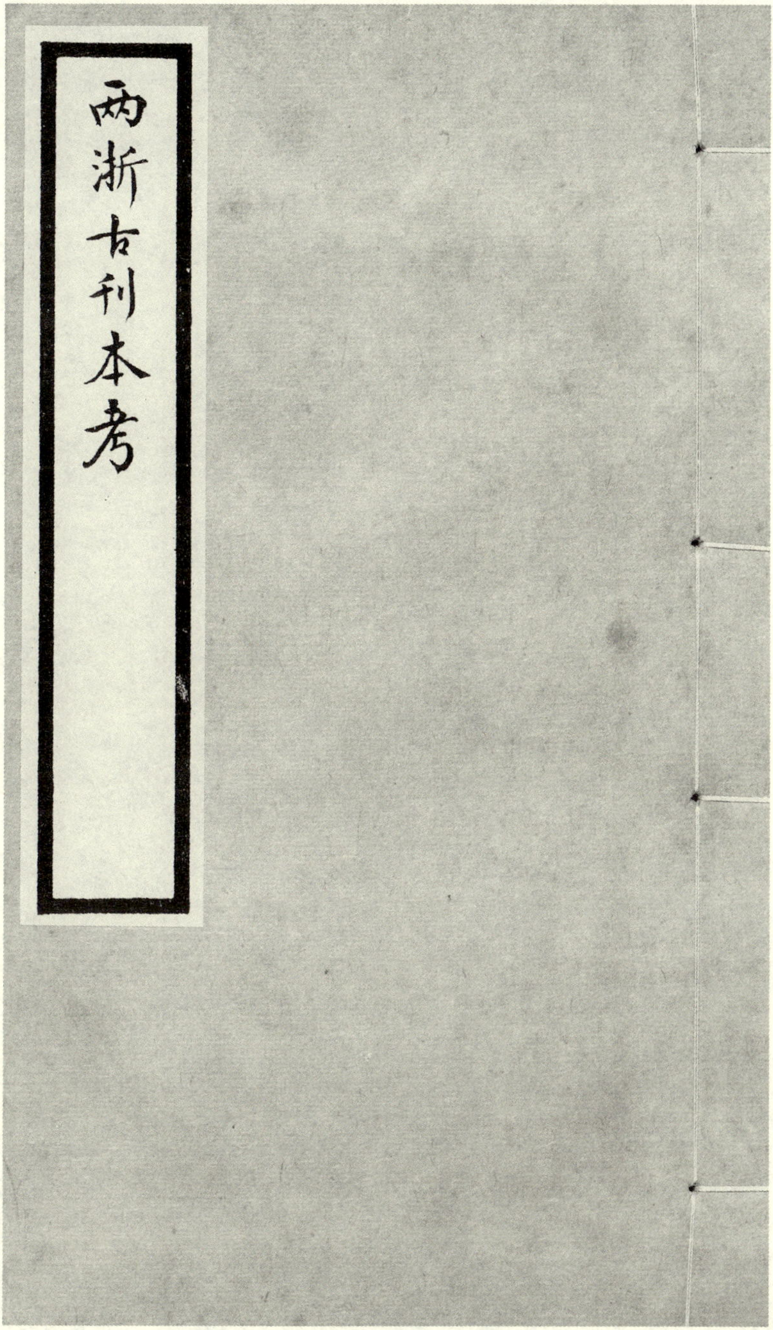
兩浙古刊本考

两浙古刊本攷

海甯王氏校印

鏤板之興遠在唐世其初見於紀載者吳蜀也而吾浙爲尤先元微之作白氏長慶集序自注曰揚越閒多作書摹勒樂天及予雜詩賣於市肆之中夫刻石亦可云摹勒而作書鬻賣自非鏤板不可則唐之中葉吾浙已有刊板矣册府元龜載後唐長興中馮道李愚奏云嘗見吳蜀之人鬻印板文字色類絶多則五季之頃其行轉盛及宋有天下南并吳越嗣後國子監刊書若七經正義若史漢三史若南北朝七史若唐書若資治通鑑若諸醫書皆下杭州鏤板北宋監本刊於杭者殆居泰半南渡以後臨安爲行都胄監在焉板書之所萃集宋亡廢爲西湖書院而書庫未燬明初移入南京國子監吾浙之寶藏俄空焉又元代官書若宋遼金三史私書若文獻通攷國朝文類亦皆於杭州刊刻蓋良工之所萃故鋟板必於是也至私家刊刻在東都時已亘四部而宋季臨安書肆若陳氏父子徧刊唐宋人詩集有功於古籍甚大至諸州刊板天水以後公庫郡庠仍世刊刻而紹興爲監司安撫駐地刊書之多幾與臨安埒又四部以外湖之思谿杭之南山均有大藏全板元初刊西夏字全藏亦

於杭州開局而一代大箸述如胡氏資治通鑑音注王氏玉海皆於其鄉學刊行自古刊板之盛未有如吾浙者闔蜀二方方之徧矣宋元人所撰方志若寶慶四明志若新定續志若至正四明續志頗紀郡中板刻而他州闕如今最録世有傳本及見於紀載者爲兩浙古刊本考分郡羅列釐爲二卷雖可攷見者十不得四五然大略可睹矣壬戌二月海甯王國維書

兩浙古刊本考卷上

王忠慤公遺書內編

海甯 王國維

杭州府刊板

甲北宋監本刊於杭州者

周禮疏五十卷　儀禮疏五十卷

春秋公羊傳疏三十卷　春秋穀梁傳疏十二卷

孝經正義三卷　論語正義十卷

爾雅疏十卷以上並咸平四年

玉海至道二年判國子監李至請命李沆杜鎬等校定周禮儀禮公羊穀梁傳疏及別纂孝經論語爾雅正義從之咸平三年三月癸巳命祭酒邢昺代領其事杜鎬舒雅李維孫奭李慕清王煥崔偓佺劉士元預其事凡賈公彥周禮儀禮疏各五十卷公羊疏三十卷楊士勛穀梁疏十二卷皆校舊本而成之孝經取元行沖疏論語取梁皇侃疏爾雅取孫炎高璉疏約而修之又二十三卷四年九月丁亥以獻十月九日

命杭州刻板
又景德二年六月庚寅國子監上新刻公穀傳周禮儀禮正義印板先是有唐長興中雕九經板本而正義傳寫舛駁太宗命校刊雕印而四經未畢上遣直講王煥就杭州鏤板至是皆備

案宋初淳化中國子監刊五經正義不知命何地鏤板至咸平中七經正義則刊於杭州儀禮疏後有經進校勘官銜名其王煥結銜中有杭州監彫印板字樣足爲玉海之證咸平刊本今皆不傳惟禮儀公羊爾雅三疏尚有南宋重刊本儀禮疏每葉三十行每行二十七字公羊疏三十行行二十二三字至二十七八字爾雅疏亦三十行行三十字

書義十三卷　新經詩義三十卷

周禮新義二十二卷（並熙寧八年）

咸淳臨安志詔熙寧八年七月詔以新修經義付杭州鏤板

史記一百三十卷　漢書一百二十卷

後漢書九十卷（並淳化五年）

麟臺故事淳化五年七月詔選官分校史記前後漢書虞部員外郎崇文院檢討兼祕閣校理杜鎬屯田員外郎祕閣校理舒雅都官員外郎祕閣校理吳淑膳部郎中直祕閣潘慎修校史記度支郎中直祕閣朱昂再校又命太常博士直昭文館陳充國子博士史館檢討阮思道著作佐郎直昭文館尹少連著作佐郎直史館趙況著作佐郎直集賢院趙安仁將作監丞直史館孫何校前後漢書既畢遣內侍裴愈齎本就杭州鏤板

宋書一百卷　南齊書五十九卷

梁書五十六卷　陳書三十六卷

魏書一百十四卷　北齊書五十卷

後周書五十卷（以上並治平二年）

崇文院

嘉祐六年八月十一日

勑節文宋書齊書梁書陳書後魏書北齊書後周書見今國子監並未有印本宜令三館祕閣見編校書籍官員精加校

勘同與管句使臣選擇楷書如法書寫板樣如唐書例逐旋
封送杭州開板
治平二年六月　日（江安傅氏所藏宋刊南齊書有此牒）

唐書二百二十五卷（嘉祐五年）
嘉祐五年六月廿六日准中書門下劄子奉
旨下杭州鏤板頒行（天祿琳琅書目所著錄宋刊本唐書有此二行）
案北宋國子監正史如史記前後漢書南北朝七史及唐書皆於杭州鏤板具有明文惟咸平三年校刊三國志晉書天聖二年校刊南北史隋書不知下何處鏤板然自淳化至於治平各史皆杭州所刊則此五史疑亦刊於杭州也今史記前後漢書三國志唐書等尚有北宋監中殘本或南宋重刊監本皆半葉十行行十九字

資治通鑑二百九十四卷目錄三十卷考異三十卷（元祐元年）
元豐八年九月十七日准尚書省劄子奉　聖旨重行校定
元祐元年十月十四日奉　聖旨下杭州鏤板

外臺祕要方四十卷（熙寧二年）

皇祐三年五月二十六日內降劄子臣寮上言臣前在南方州軍連年疾疫瘴癘其尤者一軍有死十餘萬人此雖天令亦緣醫工謬妄反增其病臣曾細詢諸州皆闕醫書習讀除素問病源餘皆傳習僞書故所學淺俚貽誤病者欲望聖慈特出祕閣所藏醫書委官選取要用者校定一本降付杭州開板摹印庶使聖澤及於幽隱民生免於夭橫奉聖旨令祕閣檢外臺祕要三兩本送國子監見檢校勘醫書官仔細校勘聞奏至治平四年三月　日進呈訖熙寧二年五月二日奉中書劄子奉聖旨鏤板施行

乙南宋監本

周易正文　尚書正文　毛詩正文　周禮正文

儀禮正文　禮記正文　春秋正經　左傳正文

公羊正文　穀梁正文　孝經正文　論語正文

右見景定建康志書籍類皆冠以監本二字此南宋監本也然北宋胄監固已有單經本直齋書錄解題有春秋經一卷每事爲一行廣德軍所刊古監本也古監本謂汴都監本但

兼及他經與否殊無可考南渡以後則徧刊諸經不獨國學即州郡亦然建康志所載九經正文尚有蜀本婺本建本新定續志所載書板亦有六經正文則監中有單經本固其所也

周易傳九卷略例一卷　尚書傳十三卷
毛詩傳二十卷　周禮注十二卷
儀禮注十七卷　禮記注二十卷
春秋經傳集解三十卷　春秋公羊傳解詁十二卷
春秋穀梁傳集解十二卷　孝經注一卷
論語集解十卷　爾雅注三卷
孟子章句十四卷

玉海紹興九年九月七日詔下州郡索國子監元頒善本校對鏤板

同上紹興二十一年五月詔令國子監訪尋五經三館監舊本刻板

李心傳建炎以來朝野雜記監本書籍紹興末年所刊國家

艱難以來固未暇及九年九月張彥實待制爲尚書郎始請下諸道州學取舊監本書籍鏤板頒行從之然所取多有殘闕故胄監刊六經無禮記正史無漢書二十一年五月輔臣復以爲言上謂秦益公曰監中其他闕書亦令次第鏤板雖重有費不惜也由是經籍復全

魏了翁六經正誤序五季而後鏤板翻印經籍之傳雖廣而點畫義訓訛謬自若本朝胄監經史多仍周舊今故家往往有之而與俗本無大相遠南渡草創則僅取板籍於江南諸州與京師承平監本大有逕庭而與潭撫閩蜀諸本互爲異同而監本之誤爲甚柯山毛居正義甫其於經傳亦既博覽精擇嘉定十六年春朝廷命胄監刊正經籍司成謂無以易義甫馳書幣致之盡取六經三傳諸本參以子史字書選粹文集研究異同凡字義音切豪釐必校儒官稱歎莫有異辭旬歲間刊脩者凡四經乃猶以工人憚煩詭竄墨本以紿有司而板之誤字實未嘗改者十二三也繼欲修禮記春秋三傳義甫以病目移告事遂中輟

岳珂九經三傳沿革例監中見行本不無訛謬脫略之患（原注：監中大小本有三歲久磨滅散落未有能修補之者）

周易正義十三卷　尚書正義二十卷

毛詩正義四十卷　周禮疏五十卷

儀禮疏五十卷　禮記正義七十卷

春秋左氏傳正義三十六卷　春秋公羊傳疏三十卷

春秋穀梁傳疏十二卷　孝經正義三卷

論語正義十卷　爾雅疏十卷

玉海紹興十五年閏十一月博士王之望請羣經義疏未有板者令臨安府雕造

建炎以來朝野雜記先是王瞻叔（即之望字）爲學官嘗請摹印諸經義疏及經典釋文許郡學以贍學或係省錢各市一本置之於學上許之令士大夫仕於朝者率費紙墨錢千餘緡而得書於監云

案北宋監本經史既爲金人輦之而北故南渡初即有重刊經疏者如日本竹添氏所藏毛詩正義乃紹興九年九月十

九日紹興府雕造此事是否奉行是月七日詔書抑或先已刊刻別無可考又刊經疏者紹興之外尚有婺州所刊春秋左傳正義温州所刊爾雅疏雖未審在何時至紹興十五年令臨安府雕造羣經義疏未有板者則高宗末年經疏當盡有印板矣此種州郡刊板當時即入監中故魏華父岳倦翁均謂南渡監本盡取諸江南諸州蓋南渡初監中不自刻書悉令臨安府及他州郡刻之此即南宋監本也明黃佐南雍志經籍考所載舊板有周易註疏十三卷儀禮註疏五十卷春秋正義三十六卷春秋公羊傳疏三十卷春秋穀梁傳疏十二卷爾雅註疏十卷雖其名或稱正義或稱疏或稱註疏然其卷數皆與北宋單疏合而與南雍之十行本註疏不合當即南宋重刊之單疏舊板以其板久闕不印又明人但知有註疏不知有單疏故即以註疏目之證以爾雅疏事甚明

白案爾雅疏世有三本一袁壽階藏本後歸黃蕘圃者即阮文達爾雅注疏校勘記所據文達言多元時補板二陸存齋藏本用元至順公牘紙印三陳仲魚藏本今藏烏程蔣氏者

用洪武江南公牘紙印而欽宗嫌名亶字高宗嫌名構字均闕一筆自是南宋刊本又多宋元明三朝補葉其卽南雍志之爾雅註疏十卷蓋無可疑以此推之則南雍志之周易儀禮春秋三傳諸疏卷數同於單疏而不同於十行本註疏者卽南宋監本單疏可斷言矣南雍所有十行本註疏板本無儀禮爾雅二種故自元至明尙補綴單疏本以彌其闕是以此二種後世猶有傳本他疏自元以後殆已不復印行矣

周易程氏傳六卷　周易義海撮要十卷

景定建康志書籍易類有監本程氏傳監本義海

淳熙禮部韻略五卷淳熙元年

玉海淳熙元年國子監言韻略前後有增改刪削及多差舛詔校正刊行

增修互註禮部韻略五卷

魏了翁跋毛氏增韻云三衢毛氏增韻進御之六十二年其子居正義夫膺大司成校正經籍之聘始克鋟梓於胄庠然人情異鄉趨爾厭煩故校其始著尙多刊削世之不遇者非

特一增韻也

史記一百三十卷　漢書一百二十卷

後漢書一百二十卷　三國志六十五卷

晉書一百三十卷音義三卷　宋書一百卷

南齊書五十九卷　梁書五十六卷

陳書三十六卷　魏書一百十四卷

北齊書五十卷　後周書五十卷

隋書八十五卷　南史八十卷

北史一百卷　唐書二百五十卷

五代史記七十四卷

直齋書錄解題初吳興人思溪王氏刻藏經有餘板以刊唐書及五代史寘郡庠中中興監書多闕遂取其板以往今監本是也

案南宋監本正史多取諸州郡刻板如唐書五代史取諸湖泮既有明文其餘各史亦大抵如是明南雍舊板多出於元之西湖書院而西湖書院之板又多出於宋國子監今觀明

南雍所存舊宋板史記有中字十行本有大字九行本（兩漢書亦有九行十六字本早亡）三國志有中字十行本南北朝七史皆有大字九行本而史記大字本有左迪功郎充無爲軍軍學教校潘旦校對右承直郎充淮南路轉運司幹辦公事石蒙正監雕二行乃淮南轉運司刊本三國志有右修職郎衢州錄事參軍蔡宙校正兼監鏤板右迪功郎衢州州學教校陸俊民校正二行乃衢州本蓋在宋時已取入監中也

唐藝文志六卷

直齋書錄解題新唐書中錄出別行監中有印本

唐書糾繆二十卷　五代史纂誤五卷雜錄一卷

直齋書錄解題宇文時中守吳興以郡庠有二史板遂取二書刻之後皆取入國子監

資治通鑑二百九十四卷目錄三十卷考異三十卷

景定建康志書籍史類有監本通鑑

通鑑綱目五十九卷

直齋書錄解題此書嘗刻於溫陵別其綱謂之提要今板在

監中

國語二十一卷

景定建康志書籍史類有監本國語

刑統三十卷刑統申明一卷淳熙四年

玉海淳熙四年二月令國子監重鏤刑統板頒行

同上淳熙十一年臣僚言刑統係開寶元符間申明訂正凡九十二條曰申明刑統同紹興格式敕令爲一書自乾道書成進表雖有遵守之文而此書印本廢而不載淳熙新書不載遵守之文而印本又廢而不存讞議之際無所據依乞仍鏤板附淳熙隨敕申明之後十四年六月令國子監重鏤板頒行

孔子家語十卷

景定建康志書籍子書類有監本孔子家語

荀子二十卷

困學紀聞今監本荀子乃唐與政台州所刻監甯舊本

大觀證類本草三十二卷釋音一卷紹興二十七年

玉海紹興二十七年八月十五日王繼先上校定大觀證類本草三十二卷釋音一卷詔祕書省修潤付冑監鏤板行之

又案玉海紹興二十一年十二月十七日以監本藥方頒諸路是南渡後冑監亦刊方書但其名未詳姑從闕如

白虎通德論十卷

劉世常大德刊本跋朝廷崇尚實學敬以家藏監本刊行與衆共之

昌黎先生集四十卷外集十卷遺文一卷

方崧卿韓集舉正序今之監本亦非舊集然校之潮袁諸本猶爲近古如送仲堪序閣本杭本皆繫於十九卷之末惟此本尚然今用以爲正而錄諸本異同於其下又方書所引有新舊二監本

丙南宋內府刊本

春秋經傳集解三十卷淳熙四年

天祿琳琅書目後編杜預集解三十卷附音義前預自序末卷載凡三十四萬五千八百四十四字經十九萬八千八百十二字注十四萬六千九百六十二字後預後序又刻印記

云淳熙三年四月十七日左廊司局內曹掌典秦玉楨奏聞
壁經春秋左傳國語史記等書多爲蠹魚傷牘不敢備進上
覽奉敕用棗木椒紙各造十部四年九月進覽監造臣曹棟
校梓司局臣郭慶驗牘

樂府混成集一百五册

周密齊東野語混成集修內司所刊本巨帙百餘古今歌詞
之譜靡不備具只大典一類凡數百解他可知矣然有譜無
詞居半霓裳一曲共三十六段

劉牧易數鉤隱圖三卷附遺論九事一卷（乾道三年）

丁浙西轉運司本

直齋書錄解題易數鉤隱圖二卷又有三衢劉敏士刻於浙
右庾司者有歐陽公序文淺俚決非公作其書三卷與前本
大同小異

案咸淳臨安志劉敏士乾道三年轉運判官五年姚憲代
之則此書刊於乾道三四年

中興百官題名五十卷

直齋書録解題監察御史臨川何異同叔撰首卷爲宰輔拜罷録餘以次列之刻板浙漕其後以時增附渡江之初庶務草創諸司間有不可考者多闕之

中興館閣書目七十卷序例一卷（淳熙五年）

玉海淳熙四年十月少監陳騤等言乞編撰書目五年六月九日上中興館閣書目七十卷序例一卷（序例凡五十五條）凡五十一門計見在書四萬四千四百八十六卷較崇文所載多一萬三千八百十七卷復參三朝史志多八千二百九十卷兩朝史志多二萬五千九百九十二卷閏六月十日令浙漕司摹板

案宋官私書目皆云中興館閣書目三十卷

活民書　壽國脈書

陳世南游宦紀聞（六）董煟字季興向爲瑞安邑大夫有志斯世所著活民書壽國脈書嘗經乙覽令浙漕有刊本

重編西湖林和靖先生詩集四卷（紹熙三年）

和靖先生孤風凜凜可聞而不可見尚可得而見者有詩存焉耳是邦泯然無傳豈不爲缺典哉因得舊本訪其遺逸且

與題識而附益之刊置漕廨庶幾尚友之意云紹熙壬子七月既望龜溪沈詵書

青社黃先生伐檀集二卷（嘉定二年）

諸孫犖序曾伯祖康州使君與曾祖給事俱高祖朝散大夫之子康州生太史太史嘗刻大孤山宿趙屯二詩跋云先大夫平生刻意於詩語法類皆如此然世無知音小子不肖晚而學詩懼微言之或絕故刻諸星子灣以俟來哲今家藏伐檀集間多少作又厄於兵火之變是以傳本尚未見於世紹興中我從兄吏部諱然將漕畿內嘗欲盡刊我先世遺書皆未果犖又承乏於五十餘年之後謹以是鋟集而傳之非敢曰成我從兄之志而太史微言或絕之懼尚幾不泯焉嘉定二年秋九月望諸孫朝散郎直顯謨閣西浙路轉運判官犖謹書

臨川王先生文集一百卷（紹興二十一年）

曾孫玨序曾大父之文舊所刊行率多舛誤政和中門下侍郎薛公宣和中先伯父大資皆被旨編定後罹兵火是書不

傳比年臨川龍舒刊行尚循舊本珏家藏不備復求遺稿於薛公家是正精確多以曾大父親筆石刻爲據其間參用衆本取捨尤詳至於斷缺則以舊本補校足之凡百卷庶廣其傳云紹興辛未孟秋旦日右朝散大夫提舉兩浙西路常平茶鹽公事王珏謹題

每半葉十二行行二十字

沈忠敏公龜溪集十二卷（紹熙二年）

李彥穎序君薨後六十年當紹熙辛亥公之孫詵爲浙漕始能裒輯類次爲十二卷將以板行于世

作邑自箴十卷（淳熙六年）

淳熙己亥中元浙西提刑司刊行（在卷末）

戊杭州及臨安府刊本

龍龕手鑑四卷（元祐元年）

沈括夢溪筆談幽州僧行均集佛書中字爲切韻訓詁凡十六萬字分四卷號龍龕手鏡燕僧智光爲之序甚有詞辨契丹重熙二年集契丹書禁甚嚴傳入中國者法皆死熙寧中

有人自虜中得之入傳欽之家蒲傳正帥浙西取以鏤板其序末舊云重熙二年五月序蒲公削去之觀其字音韻次序皆有理法後世殆不以其爲燕人也

晁公武郡齋讀書志龍龕手鏡三卷右契丹僧行均撰凡二萬六千四百三十字注十六萬三千一百餘字僧智光爲之序後題云統和十五年丁酉沈存中言其末題云重熙二年序蒲公削去之豈存中不見舊題妄記之耶

案蒲宗孟知杭州在元豐八年七月明年改元元祐二年十一月徙知鄆州

通典二百卷

每半葉十五行行二十八字卷一百五一百六一百八一百九末均有鹽官縣雕四字北宋諱皆闕筆而高宗諱構字未闕乃刊於南北宋之交其題鹽官縣雕殆亦杭州官書各縣分雕者也

賈昌朝羣經音辨七卷紹興九年

臨安府府學今將

國子監舊本重雕逐一校正即無舛誤

紹興九年五月　日

左從事郎充臨安府府學教授陳之淵

左承事郎添差臨安府府學教授周孚先

右奉議郎權通判臨安軍府兼管內勸農事蔣延壽

右朝奉大夫通判臨安軍府兼管內勸農事趙士礽

徽猷閣直學士右朝議大夫知臨安軍府事充兩浙西路安撫使馬步軍都總管張澄

姚鉉文粹一百卷 紹興九年

臨安府

今重行開雕唐文粹壹部計貳拾策已委官校正訖

紹興九年正月　日

右文林郎臨安府觀察推官林嵤

左承直郎寍海軍節度推官周公才

右承直郎臨安府觀察判官蘇彥忠監雕

左從事郎浙西安撫使准備差遣劉嶸重校

左從事郎臨安府府學教授陳之淵重校
右承奉郎特添差簽書寧海軍節度判官廳公事王遜
左承事郎添差臨安府府學教授周孚先重校
右朝散大夫簽書寧海軍節度判官廳公事梁宏祖
左宣義郎通判臨安軍府事朱敦儒
右朝散大夫通判臨安軍府事王榕
右朝議大夫充徽猷閣待制知臨安軍府事兩浙西路安撫使馬步軍都總管張澄
每半葉十三行行十五字
西漢文類四十卷紹興十年
紹興十年四月　日臨安府雕印在卷末
己雜刊本
三國志六十五卷　晉書一百三十卷
舊唐書二百卷　唐書二百二十五卷
遂初堂書目並云舊杭本
韓詩外傳十卷
容齋續筆八韓詩今惟存外傳十卷慶歷中將作監主簿李

用章序之命工刊刻於杭其末又題云蒙文相公改正三千餘字予家有其書

儀禮十七卷

張淳儀禮識誤序在杭則有細字本

漢書一百卷　後漢書一百二十卷

本家今將前後漢書精加校證並寫作大字鋟板刊行的無差錯收書英傑伏望炳察錢唐王叔邊謹咨

武夷吳驥仲逸校正

每半葉十三行行二十三四字何義門所校隆興二祀麻沙劉仲立本有武夷吳驥仲逸校正歟則此本乃翻刊劉本也

前漢紀三十卷　後漢紀三十卷

王銍序右荀悅前漢紀三十卷袁宏後漢紀三十卷祥符中刊板於錢唐板廢幾百年

高氏小史一百三十卷

直齋書錄解題此書舊有杭本

戰國策十卷

王覺題戰國策戰國策三十三篇劉向爲之序世久不傳治平初始得錢唐顏氏印本讀之愛其文辭之辯博而字句脫誤尤失其眞

遂初堂書目有舊杭本

戰國策十卷

姚宏題國策後今都下建陽刻本皆祖南豐互有得失

吳師道題戰國策曾鞏序後國策劉向校定本高誘註曾鞏重校凡浙建括蒼本皆據曾所定

朱肱重校證活人書十八卷政和八年

自序僕乙未秋以罪去國明年就領宮祠以歸過方城見同年范內翰云活人書詳矣比百問十倍然證與方分爲兩卷倉卒難檢耳及至睢陽又見王先生云活人書京師成都湖南福建兩浙凡五處印行惜其不曾校勘錯誤頗多遂取繕本重爲參詳改一百餘處及幷證與方爲一卷因命工於杭州大隱坊鏤板作中字印行庶幾緩急易以檢閱然方術之士能以此本游諸聚落悉爲改證使人誦讀廣說流布不爲

俗醫妄投藥餌其爲功德獲福無量政和八年季夏朔朝奉郎提點洞霄宮朱肱重校

呂氏春秋二十六卷

賀鑄跋餘杭鏤本亡三十篇又有脫字漏句（元祐壬申後三年）

乖崖張公語錄二卷

紹定庚寅刊於錢唐俞宅書塾

每半葉九行行二十字吳門顧氏藏宋刊本

楚辭十七卷

黄伯思新校楚辭序伯思以武林吳郡槧本讎校

韓昌黎先生集四十卷（大中祥符二年）

方崧卿韓集舉正叙錄祥符杭本杭州明教寺大中祥符二年所刊本時尚未有外集與閣本多同洪慶善謂劉統軍碑傳本作反柩於京師後得祥符間印本乃作反机葢此本也劉碑世有石本實作反机則知此本最爲近古頃嘗於姜祕監輔之家得校韓文一帙考訂頗審亦以此本爲正而參之己見又李漢老本每字皆注閣本舊本二語所謂舊本亦此

本也信知前輩取與之不謬猶恨此本斷爛多字難徧考尚
賴姜本以相參對云
韓昌黎先生集四十卷外集十卷嘉祐七年
朱子韓文考異外集二與大顛師書注云此書諸本皆無惟
嘉祐小杭本有之其篇次在此
趙希弁讀書後志昌黎先生集以嘉祐壬寅所刊杭本是正
之杭本並無目錄年譜附錄亦無柳開序
東坡集四十卷後集二十卷內制集十卷外制集三卷奏議十
五卷和陶集四卷
直齋書錄解題杭蜀本同但杭無應詔集
同上杭本當東坡無恙時己行於世
容齋五筆東坡在翰林作擒鬼章奏告永裕陵祝文今蘇氏
眉山功德寺所刻大小二本及季眞給事在臨安所刻幷江
州本麻沙書坊大全集皆只自耘耔句下便接憬彼西戎古
稱右臂惟成都石刻法帖眞迹獨得其全坡集奏議中登州
上殿三劄皆非是集出本家子孫而爲妄人所誤季眞不能

察耳

案據此二條則坡集有兩杭本一東坡無恙時所刊一公曾孫季真所刊也

晦庵先生文集一百卷續集十一卷別集十卷

明黃仲昭閩本文集跋右晦庵朱先生文集一百卷閩浙舊皆有刻本浙江本洪武初取置南雍不知輯於何人今閩藩所存本則先生季子在所編也其後又有續集若干卷別集若干卷二本亦並刻之

每半葉十行行十九字續集別集乃宋末補刊南雍印本亦無之

文粹一百卷寳元二年

施昌言後序故姚右史纂唐賢之文百卷用意精博世尤重之然卷帙繁浩人欲傳錄未易爲力臨安進士孟琪代襲儒素家富文史爰事摹印以廣流布觀其校之是寫之工鏤之善勤亦至矣噫古之藏書必芟竹鏟木殫紙竭毫盛其蘊宏其載乃能有之今是書也積之不盈几祕之不滿笥無煩簡

札而坐獲至寶士君子有志於學其將舍諸若夫述作之旨悉於前序此不復云寶元二年嘉平月殿中侍御史吳興施昌言叙

新雕聖宋文海一百二十卷

建炎以來朝野雜記臨安書坊有所謂聖宋文海者近歲江鈿所編孝宗得之命本府校正刻板時淳熙四年十一月也周必大以是書編次無倫請於孝宗命呂祖謙重編呈進賜名文鑑文鑑行而是書遂晦

每半葉十行行二十二字常熟瞿氏藏卷四至卷九共六卷

唐五七言絶句　本朝五七言絶句

中興五七言絶句

劉克莊宋氏絶句詩跋兩年前余選唐人及本朝七言絶句各得百篇五言絶句亦如之今鋟行於泉於建陽於臨安

釋名八卷

右釋名八卷館閣書目云漢徵士北海劉熙字成國撰推揆字源釋名號致意精微崇文總目云熙即物名以釋義凡二

十七目臨安府陳道人書籍鋪刊行
畫繼五卷
臨安陳道人書籍鋪刊行
圖畫見聞志六卷
題記同上
賓退錄十卷
臨安睦親坊陳宅經籍鋪印
湘山野錄三卷續一卷
臨安府陳道人書籍鋪刊行
續世說十二卷
臨安府陳道人書籍鋪刊行
揮麈前錄四卷後錄十一卷三錄三卷餘話二卷
臨安府陳道人書籍鋪刊行
每半葉十一行行二十字
劇談錄二卷
題記同上

燈下閒談二卷

館閣書目燈下閒談載唐及五代異聞陳道人書籍鋪刊行

江文通集十卷

臨安府棚前北睦親坊南陳宅經籍鋪印

常建詩集二卷

臨安府棚北大街睦親坊南陳宅刊印

韋蘇州集十卷

臨安府棚北大街睦親坊南陳宅書籍鋪刊行

孟東野詩集十卷

臨安府棚前北睦親坊南陳宅經籍鋪印

李賀歌詩編十卷集外詩一卷

題記同上

王建集十卷

臨安府棚北睦親坊巷口陳解元宅刊行

朱慶餘詩集一卷

臨安府睦親坊陳宅經籍鋪印

唐求詩一卷
臨安府棚北大街睦親坊南陳宅書籍鋪印
于濆詩集一卷
題記同上
李羣玉詩集三卷後集五卷
臨安府棚前睦親坊南陳宅書籍鋪刊行
張蠙詩集一卷
臨安府棚北大街睦親坊南陳宅書籍鋪印
周賀詩集一卷
臨安府棚北睦親坊南陳宅書籍鋪印
碧雲集三卷　女郎魚玄機詩一卷
題記並同上
李推官披沙集六卷
臨安府棚北大街陳宅書籍鋪印行
浣花集十卷
臨安府棚前北睦親坊南陳宅經籍鋪印

甲乙集十卷

題記同上

李丞相詩集二卷

臨安府洪橋子南河西岸陳宅書籍印

右陳宅書籍鋪所刊唐人集皆半葉十行行十八字其存於今日者止此然當時所刊實不可勝計周端臣挽芸居（卽陳起宗之）詩云字畫堪追晉詩刊欲遍唐今日所傳明刊十行十八字本唐人專集總集大抵皆出陳宅書籍鋪本也然則唐人詩集得以流傳至今陳氏刊刻之功爲多

江湖前集若干卷後集若干卷續集若干卷中興江湖集若干卷

直齋書錄解題江湖集九卷臨安書坊所刻本

按江湖集以錢唐吳氏瓶花齋所集者爲最多凡六十四家即閣本之九十五卷是也石門顧氏所刊又有增加凡九十九卷而宋人專集如鄭清之安晚堂集十二卷題臨安府棚北睦親坊陳解元書籍鋪刊行岳珂棠湖詩稿一卷題臨安

府棚北大街陳宅書籍鋪印行乃出吳顧二本之外永樂大典所載有江湖前集後集續集中興江湖集諸名不知究有若干種

聖宋高僧詩選三卷後集三卷續集一卷增廣聖宋高僧詩選前集一卷後集三卷續集一卷

題錢唐陳起宗之編金陵圖書館藏鈔本

容齋隨筆十六卷續筆十六卷三筆十六卷四筆十六卷五筆十卷

臨安府鞔鼓橋南河西岸陳宅書籍印（存三筆在目錄後）

北戶錄三卷

臨安府太廟前尹家書籍鋪刊行

十行行十八字

卻掃編三卷

臨安府尹家書籍鋪刊行

釣磯立談一卷

臨安太廟前尹家書籍鋪刊行

澠水燕談錄十卷

題記同上十行行十八字

曲洧舊聞十卷

題記同上

述異記二卷

臨安府太廟前經籍鋪尹家刊行

續幽怪錄四卷

臨安府太廟前尹家書籍鋪刊行

茅亭客話十卷

題記同上

篋中集一卷

臨安府太廟前大街尹家書籍鋪刊行

一切如來心祕密全身舍利寶篋印陀羅尼經一卷顯德三年

天下都元帥吳越國王錢弘俶印寶篋印經八萬四千部在寶塔內供養顯德三年丙辰歲記

右卷高工部營造尺二寸五分板心高一寸九分半每行八

字或九字經文共三百三十八行後空一行題寶篋印陀羅尼經幷前後題共計三百四十二行經前有畫作人禮塔象廣二寸□分畫前有題記四行（見上）出湖州天甯寺塔中案吳越忠懿王所造金塗塔塔裏有題記四行云吳越國王錢弘俶敬造八萬四千寶塔乙卯歲記此卷刊於丙辰即在造塔後一年考大唐西域記摩揭陀國條云印度之法香抹爲泥作小窣堵波高五六寸書寫經文以置其中謂之法舍利數漸盈積建大窣堵波總聚於內常修供養又日本神護景雲四年（當唐大歷三年）所造百萬木塔其中各有刻本無垢淨光經根本陀羅尼相輪陀羅尼自心印陀羅尼六度陀羅尼各一卷此卷畫人禮塔象又刊於造塔之後當亦藏於金塗塔中復以金塗塔藏於大塔中故卷軸極小與尋常經卷不同又當時所印至八萬四千卷必非一板所能印故同時所出二卷大小行欵均同而字體微異可證其有數板也日本所印諸陀羅尼卷軸大小與此略同其制當出於唐是唐大歷以前必已有此種印本而世無傳者經卷之傳世者自此卷始即吾

浙古刻之存者亦以此卷爲最古矣

又

天下兵馬大元帥吳越國王錢俶造此經八萬四千卷捨入西關磚塔永充供養乙亥八月日紀

甲子八月雷峯塔圮每磚中有一孔孔中有此經一卷共二百七十行每行十字許

長短經九卷

杭州淨戒院新印

大般涅槃經四十二卷景祐

如來恢圓極之教涅槃爲顧命之書無上劇談最後流裕此經肇自天聖二祀龍集甲子正月內茲郡太守汝南侍郎起遽示 雁門遠法師所撰大般涅槃經疏目曰義記幷科文總四十四卷仍願鋟倖彫疏板洎卒衆信既諧畢軸可孜持緯茲經雕鐫義記經本尚闕疏豈行乎哉遂募釋儒捨錢開此大般涅槃記四十二卷迄於景祐乙丑歲十一月初七日開畢庶幾流傳尤永見聞滋益云爾杭州大中祥符寺東經

院沙門可孜序　講經律沙門淸祖發心書　校勘傳楞嚴

教沙門仲希　校勘傳經律臨壇沙門用休　東經藏院主

講經律賜紫圓悟

日本有覆刊本

妙法蓮華經七卷

臨安府衆安橋南賈官人經書鋪刊

摺疊裝板心高營造尺六寸三分強廣二寸六分半葉十二

行行廿九至三十五字不等

宗鏡錄一百卷

惟淸冥樞會要跋取宗鏡錄京浙二本同二三衲子逐一點

對紹聖三年跋

佛國禪師文殊指南圖讚一卷

臨安府衆安橋南街東開經書鋪賈官人宅印造

大八行十三字小廿行廿七字日本德富氏藏書

四分律比丘尼鈔六卷開禧三年

臨安府南山開化院住持賜紫妙智大師慧信施長財貳拾

貫徒弟比丘尼道海施財貳拾貫妙宗妙瑩妙明各施財伍
貫卷上之上
臨安府管內臨壇尼和尚住持湧泉山無盡庵如月施長財
伍拾貫文功德追薦　先師崇妙寺主　徒弟超上座　通
上座　先考唐四承事　先妣沈氏廿乙娘　亡兄唐大承
事　亡兄唐小四承事　亡兄唐九承事　亡姪唐大小承
事　徒弟比丘尼法明施錢伍貫文追薦　先考陳七承事
先妣蔣氏妙堅比丘尼法顯施錢伍貫文追薦　先考陳
二十郎　先妣朱氏八娘　比丘尼法興施錢伍貫文追薦
先考莫大郎　先妣毛氏十一娘　亡外婆葛氏大娘
比丘尼了定施錢伍貫文追薦　圓寂慧副寺　亡兄任百
乙郎已上諸位尊魂俱仗斯緣咸生淨域者卷上之下
臨安府南山極樂院住持賜紫慈濟大師宗如謹施長財仍
卒道俗共柒拾貫開此鈔板卷中之上
臨安府菩提教院知客習律賜紫圓證大師善思幹緣重開
臨安府菩提教院傳律管內臨壇比丘道誎同幹開板

臨安府管內臨壇宗主住持菩提教院傳南山祖教勸緣重開　大宋開禧三年歲在丁卯歲除日畢工　武林雕字嚴信刊　武林經生王德明造（卷下之上）

華嚴經隨疏演義鈔六十卷（嘉定十五年）

右華嚴經疏鈔六十卷唐清涼國師爲後學設也其始務傳不朽刻梓於南山慧因院歲月滋久其板散亂瀰雜於積壞中朽蠹斷缺略無一全予暇日親與其徒求遺訪失僅得前三十卷粗備發心就敝庵整校再寫重刊三月而成復使藏之亢爽無俾遺逸庶幾教說流行學徒悟解方廣之眞諦清涼之實語與斯世相爲無窮　皇恩　佛恩以是普報嘉定戊寅八月癸亥滎陽正庵俁識　幹緣　師覺　妙清　首座　宗德　西堂　普聞同校證　勸緣住持慧因院傳賢首宗教易庵清雅（卷三十後）

予於華嚴疏鈔再寫重刊著語板尾道其大略矣久未有續成後三十卷者念曩日事叢業鉅獨任之難欲舍不爲然前功可惜方思全之事已流聞　中殿降賜錢帛首佐其費於

是捐貲募衆莫不樂施相距五載亦遂畢工實壬午季春也
全編自此復傳重見日月之明八之心悟直造方廣與淸凉
爲徒而其功則發端於　宮闈輔成於衆善斯佛祖親授也
見佛聞法同聲共讚當願如何是月吉日拱衛大夫保康軍
承宣使入內內侍省押班提點皇城司專切提舉皇城所主
管景靈宮主管禁衛所主管海巡八廂祥符縣開國伯食邑
七百戶鄭偰後跋幹緣校證八同上卷六十後

寒山詩一卷
杭州錢塘門裏車橋南大街郭宅經鋪印行

大慧普覺禪師年譜一卷宗門武庫一卷語錄三十卷遺錄一
卷寶祐元年
寶祐癸丑天台比丘德濬募緣重刊於徑山明月堂

玉皇本行集經三卷嘉熙四年
趙希弁讀書後志玉皇本行集經三卷嘉熙四年臨安府刊
承天靈應觀所刻蜀本也程公許序述爲詳

抱朴子內篇二十卷紹興壬申

舊日東京大相國寺東榮六郎家見寄居臨安府中瓦南街東開印輸經史書籍鋪今將京師舊本抱朴子內篇校正刊行

虞山錢氏絳雲樓藏

庚元官刊本

遼史一百十六卷　金史一百三十五卷至正五年

皇帝聖旨裏江浙等處行中書省至正五年六月二十六日准中書省至正五年四月十三日篤憐帖木兒怯薛第二日沙嶺納鉢斡脫裏有時分阿魯禿右丞相等奏去歲教纂脩遼金宋三史書即日遼金史書修纂了有如今將這部書令江浙江西二省開板就彼有的學校錢內就用疾早教印造一百部來呵怎生奏呵奉聖旨那般者欽此准此本省咨委參知政事秦左右司都事秦槃欽依提調反下江浙儒司委自提舉班惟志校正字畫杭州路委文資正官首領官提調鋟梓印造裝褙

至正五年九月　日

校勘臣彭衡　岳信　楊鑄
牟思善　卜勝　揭模此二行遼史目錄後
校勘臣彭恒　臣倪中　臣麥澂
臣岳信　臣楊鑄　臣牟思善
臣卜勝　臣李源　臣揭模
臣丁士恒此四行在金史目錄後

每半葉十行行二十二字

宋史四百九十六卷至正六年

皇帝聖旨裏中書省據遼金宋三史總裁官呈照得近奉都堂鈞旨委自提調繕寫宋史刻板正本今已畢工理合比依遼金二史從都省聞奏定奪指定行省去處刊刻印造傳之方來竊照元修史官翰林編修張翥國子助教吳當二人深知宋史事理如蒙差委齎書前往所指去處監臨刊刻至於鋟梓之際倘或工匠筆畫差訛就便正是似爲便宜具呈照詳得此都省除差史官翰林應奉張翥馳驛齎宋史淨稿前去委自本省文資正官首領官儒學提舉各一員不妨本職

提調與差去官精選高手人匠就用賫去淨稿依式鏤板不
致差訛所用工物本省貢士莊錢內應付如果不敷不拘是
何錢內支放年終照算仍禁約各屬毋得因而一槩動擾違
錯工畢用上色高紙印造一百部裝潢完備差官赴都解納
外合行移咨請照驗依上施行先具依准咨來須至咨者右
咨江浙等處行中書省　至正六年　月　日
行省提調官
光祿大夫江浙等處行中書省平章政事臣達世貼睦邇江
浙等處行中書省平章政事臣忽都不花資善大夫江浙等
處行中書省參知政事臣撒馬等江浙等處行中書省參知
政事臣楊惟恭朝列大夫江浙等處行中書省左右司郎中
臣崔敬奉訓大夫江浙等處行中書省左右司員外郎臣赫
德爾奉政大夫江浙等處行中書省左右司員外郎臣鄭璠
承德郎江浙等處行中書省左右司都事臣徐槃承務郎江
浙等處行中書省左右司都事臣馬黑麻承務郎江浙等處
行中書省左右司都事臣李琰掾史臣許恒敬宣使臣堵簡

杭州路提調官
中議大夫杭州路總管兼管內勸農事知渠堰事臣趙璉
儒司提調官
承務郎江浙等處儒學副提舉臣李祁
監督儒官
溫州路永嘉書院山長臣錢惟演嘉興路儒學正臣應才杭
州路仁和縣儒學教諭臣劉元杭州路儒學訓導臣黃常臣
姚安道

每半葉十行行二十字

禮經會元四卷至正一十五年
潘元明序周禮一書得龍圖閣學士葉文康公會元而□□
表章於世余莅政之暇就其六世孫江浙提學廣居得其書
而讀之其出入諸經援引明贍比事漢唐考核精詳一洗漢
儒之陋誠有裨於治化者舊板之廢已久因重鋟梓以廣其
傳至正乙巳中秋日榮祿大夫江浙行省右丞兼同知行樞
密院事海陵潘元明序

說文解字三十卷

每半葉十行行大二十字小約三十字卷末有十一月江浙等處儒學等字一行平江黃氏藏

六書統二十卷六書統溯源十三卷書學正韻三十六卷（至大元年）

劉泰序先生幼子守義得父之傳而精其業多士嘉之朝廷特命馳驛往江浙行省刊板印書以廣其傳

□□二年八月江浙等處儒學提舉余謙補修（六書統書學正韻末）

半葉八行行大十字小二十三四字

平宋錄三卷

大德八年甲戌月燕山平慶安開板印造平宋錄

黃溍序淮安忠武王廟之告成也行省既請胙王以大國錫銘於石章且俾儒司刻平宋錄於杭學以侈其傳

西漢詔令十二卷東漢詔令十一卷（至元己丑）

蘇天爵序是編吾家所藏西漢十二卷吳郡林虙錄東漢十一卷四明樓昉錄及官浙省與憲使王公議刊行之向聞於溍洪咨夔亦嘗纂次成書事著其略帝繫之說惜乎不傳獨

得其總論刻置卷首又命進士高明輯其目文學掾江若泉正其訛或謂兩漢季年權姦柄用擅政稱制文宜刊削夫命令雖出於當時而善惡悉著於史册錄之以示訓不亦可乎至正己丑五月甲午趙郡蘇天爵書

每半葉十行行十八字

鄂國金佗粹編二十八卷續編三十卷（至正二十三年）

陳基序編總若干卷今江浙行中書平章政事兼同知行樞密院事吳陵張公命吳斷事官吳郡朱元佑重刻且曰西湖書院岳氏故第也宜序而藏之

每半葉九行行十七字明初板入南監

文獻通考三百四十八卷（泰定元年）

余謙序鄱人宋相子馬端臨述文獻通考于家泰定元年江浙省彫寘于西湖書院越十有一年予由太史氏出統學南邦因莅杭究閱其文或譌或逸板咸有爲時端臨既沒厥壻楊元長教于東湖乃俾造厥嗣志仁詢取先友用正斯失至則就俾元偕西湖長方員率學者正之踰年而訖將圖正于

梓未諧又踰年中書遣太常陳氏來訪求典籍于茲行中書以其事惟予是任乃克遂舊圖俾儒士葉森董正梓工且足于不逮必予復省功乃已幸獲底于備可觀烏呼考之述繼世而成歷代而行踰十年而徵又三年而明匪易匪輕可戒于德之不恒至元又五年三月朔江浙等處儒學提舉余謙叙記

每半葉十三行行二十六字明初板入南監

大德重校聖濟總錄二百卷大德四年

江浙等處行中書省大德三年九月內欽奉聖旨刊造大德重校聖濟總錄至大德四年二月內畢工今具在局提調官於後

正議大夫杭州路總管兼管內勸農事臣梁曾

中順大夫江南浙西肅道政廉訪副使臣啇晦

嘉議大夫江南浙西道肅政廉訪使臣田滋

中奉大夫前江南浙西道肅政廉訪使臣徐琰

嘉議大夫簽江浙等處行中書省事臣奪兒只哥

正奉大夫江浙等處行中書省參知政事臣安祚

註唐詩鼓吹十卷

武乙昌序至大戊申浙省屬儒司以是鋟之梓僕賓董其事

每半葉十行行二十字

元松鄉先生文集十卷

杜本序右松鄉集四明任叔實氏所製詩賦記序碑銘傳贊雜著之文總若干卷其嗣子良爲江浙行中書省理所案牘官今杭州路太守任公欲其文之傳於世也就子良求其稿而刻之

燕石集十五卷至正八年

皇帝聖旨裏中書省御史臺呈據監察御史段弼楊惠王思順蘇甯等呈嘗謂文章天下之公器不可無傳薦揚言責之所先詎容緘默竊見故翰林直學士亞中大夫知制誥同修國史兼經筵宋褧行修而潔學正而醇識量宏遠而能守乎貞堅文章蒨麗而不越乎軌範與兄本俱由進士並擢巍科旋歷清顯一時聲華縉紳奕煜觀其翰林供奉史館著述之

暇作爲詩文記序碑銘雜文一十五卷或嚴謹純正或瑰瑋雄贍或清婉富麗出入乎班馬之場游騁乎嚴徐之行頡頏於沈謝之間是皆無忝誠可表儀後進宜從憲臺具呈中書省於行省有錢糧學校官爲刊行不惟斯人有光亦可以彰我朝文治之盛具呈照詳得此送據禮部呈擬得上項事宜合準監察御史所言依擬刊行如蒙准呈照宜從都省咨移江浙省於各路有錢糧學校內刊印呈詳得此都省合行移咨請照驗依上施行須至咨者至正八年八月日

國朝文類七十卷

皇帝聖旨裏江浙等處儒學提舉司至元二年十二月初六日承奉江浙等處行中書省掾史崔適承行劄付准中書省咨禮部呈奉省判翰林國史院呈據待制謝端修撰王文燥應奉黄溍老編修吕思誠王沂楊俊民等呈竊惟一代之興斯有一代之制作文字雖出於衆手而纂述當備於一家故秦漢魏晉之文則有文選拔其萃而李唐趙宋之作則有文粹文鑑撮其英劂在國朝文章尤盛宜有纂述以傳於時于

以敷宣政治之宏休輔翼史官之放失其於典册不爲無補
伏覩奎章閣授經郎蘇天爵自爲國子諸生歷官翰林僚屬
前後蒐輯殆二十年今已成書凡七十卷凡歌詩賦頌銘贊
序記奏議雜著書說議論銘誌碑傳其文各以類分號曰國
朝文類雖文字固富於網羅而去取多關於政治若於江南
學校錢糧內刊板印行豈惟四方之士廣其見聞實使一代
之文煥然可述矣具呈照詳得此本院看詳授經郎蘇天爵
所纂文類去取精詳有裨治道如准所言移咨江南行省於
贍學錢糧內鋟梓印行相應具呈照詳奉此本部議得翰林
待制謝端等官建言一代之興斯有一代之制作參詳上項
國朝文類七十卷以一人之力搜訪固甚久而天下之廣著
述方無窮雖非大成可爲張本若准所言鋟梓刊行不唯黼
黻太平有裨於昭代抑亦鉛槧相繼可望於後人如蒙准呈
宜從都省移知江浙行省於錢糧衆多學校內委官提調刊
勒流布相應具呈照詳得此都省令將文類檢草令收管齎
咨順帶前去咨請依上施行准此省府今將上項文類隨此

發去合下仰照驗依照都省咨文内事理施行奉此及申奉
江南浙西道肅政廉訪司書吏馮諒承行旨揮看詳上項文
類紀録著述實關治體既已委自西湖書院山長計料工物
價錢所需贍學錢遵依省准明文已行分派各處已移牒福
建江東兩道廉訪使司催促疾早支撥起發外其於刊雕謄
寫之時若有差訛恐悮文獻之考憲司合下仰照驗委自本
司副提舉陳登仕不妨本職校勘繕寫施行本此又奉省府
劄付委自本司副提舉陳登仕不妨本職校勘繕寫監督刊
雕疾早印造完備更爲催取各各工物價鈔就便從實銷用
具實用過數目開申奉此至元四年八月十八日承奉江浙
等處行中書省劄付准中書省咨禮部及太常禮儀院書籍
損缺差太祝陳承事齎咨到來於江南行省所轄學校書院
有板籍去處印造裝褙起解以便檢尋無復缺文之意數内
坐到國朝文類二部仰依上施行奉此照得近據西湖書院
申文劄到國朝文類書板於本院安頓點視得内有補嵌板
而慮恐日後板木乾燥脱落卒難修理有妨印造況中間文

字刊寫差訛如蒙規劃刊脩可以傳久不悞觀覽申乞施行續奉省府劄付照勘得西湖書院典故書籍數內國朝文類見行修補擬合委令師儒之官校勘明白事爲便益奉此除已委令本院山長方員儒士葉森將刊寫差訛字樣比對校勘明白修理完備印造起解外至正元年十一月二十二日准本司提舉黃奉政關伏見今中書省蘇參議昨任奎章閣授經郎編集國朝文類一部已蒙中書省移咨江浙等處行中書省劄付本司刊板印行當職近在大都於蘇參議家獲覩元編集檢草校正得所刊板本第四十一卷內缺少下半卷計一十八板九千三百九十餘字不曾刊雕又於目錄及各卷內輯正得中間九十三板脫漏差誤計一百三十餘字蓋是當時校正之際失於鹵莽以致如此宜從本司刊補改正庶成完書今將闕少板數漏誤字樣錄連在前關請施行准此儒司今將上項文類板本刊補改正一切完備隨此發去合下仰照驗收管施行須至指揮右下杭州路西湖書院准此

至正二年二月日施行

每半葉二十行行十九字明初板入南監

鄉闈紀錄□卷

楊維楨序軍興貢舉事中廢士皆以弧矢易鉛槧之習至正十八年冬中書下議驛梗外省士人會試必道海道海必候風信於夏許先期春貢於是江浙行省以至正十九年夏四月羣試吳越之士斤斤百餘人議者謂戎馬生郊何暇閉門角文墨伎時左轄崔公專提調僉憲鄭公又監督之而大相開府達公力主於上平章光祿張公特劾金穀之資假郡堂爲貢院所不一月竣事選中左右兩榜凡三十有六人備榜十有五人郡守謝節既以鹿鳴典故宴士又梓行選中程文及簾內外官唱和詩亦附於篇首編成徵余序余既預考文事不得辭夫文事得於盛明之時常不足紀得於喪亂多故之秋得非常也合序以示後是歲五月朔日

辛元雜本

大藏經五百六十函

丁府任氏道眞同孫壻沈應子孫女丁氏益娘共刊經一卷
伏願　府門康泰眷聚乂寧結般若良緣因於此生同增五
福證如來祕藏於他世克備二嚴　戊寅年四月日南山普
寧寺刊經局謹題（大般若波羅密經卷二十地字號）
大藏經局伏承安吉州城南荻江演教院比丘無一捨到淨
財刊大藏經一卷報荅四恩三有不盡功勳報薦先考邵君
先妣沈氏先兄一宣教先姊邵氏先兄靈寶大師承此良因
同登淨土　己卯年正月日南山普寧寺僧道安題（同上卷四百四十三水字號）
杭州路南山大普寧寺大藏經局伏承湖州路烏程縣南潯
鎭市居奉佛女弟子曹氏四十娘法名證修謹施淨財刊
尊經一卷功德祝扶丁酉本命星君照臨乾象祈身位康寧
者　至元十九年四月日住山釋如一題（同上卷三百六十二露字號）
右餘杭州南山大普寧寺所刊大藏經日本尙有殘本流傳
其題戊寅己卯者至元十五十六年也是全藏著手於元初
日本小字藏經收杭州路餘杭縣白雲宗南山大普寧寺大
藏目錄四卷有本寺比丘如瑩序末署大德三年則大德初

已畢矣

至元法寶

趙璧大藏新增至元法寶記我聖元祖宗以仁立國西域異書種種而出帝師國師譯新采舊增廣其文名以至元法寶刻在京邑流布人間江南去萬里而遙傳持未遍松江僧錄管主八翻梓餘杭凡諸路庋經而未有者許自裝印藏教以完會其部得一千四百四十總其卷得五千五百八十有六天下同文前甲集卷八

大藏聖教法寶標目十卷

克己序法寶標目者淸源居士王古所誌也公讀經該貫演義深玄舉法網而目張覽智鏡而神智故於集要略盡教條溥爲來機豁開寶藏流傳既久貝筴未收即有前松江府僧錄廣福大師管主八續集祕密經文刊圖藏典謂於標目該括謹錄藏中隨函披閱大德丙午

至元法寶勘同總錄十卷

克己序惟我世祖薛禪皇帝智極萬善道冠百王睿慧日以

鏡空扇慈風而被物特旨宣諭臣佐大集帝師總統名行師德命王藏義學沙門慶吉祥以蕃漢本參對楷定大藏聖教名之曰至元法寶勘同總錄華梵對辨名題各標陳諸代譯經之先後分大小乘教之品目言簡意密文約義豐舊梓方册未類梵典今前松江府僧錄廣福大師管主八欽念天朝盛事因循未彰睿澤鴻恩報稱何及謹刊入大藏節續隨函于以對揚明命昭示萬世大德十年

河西字大藏經三千六百二十ム卷

上師三寶佛法加持之德　皇帝太子諸王覆護之恩管主八誓報四恩流通正教累年發心印施漢本大藏經五十餘藏四大部經三十餘部經論律疏鈔五百餘部華嚴道場懺儀百餘部焰口施食儀軌三千餘部梁皇寶懺藏經目錄諸雜經典不計其數金銀字書寫大華嚴法華經等共計百卷裝嚴佛象金彩供儀刊施佛象圖本齋供十萬餘僧開建傳法講席逐日自誦大華嚴經一百部心願未周欽覩　聖旨於江南浙西道杭州路大萬壽寺彫刊河西字大藏經三千

六百二十餘卷華嚴諸經懺板至大德六年完備管主八欽
此勝緣印造三十餘藏及大華嚴經梁皇寶懺華嚴道場懺
儀各百餘部焰口施食儀軌千有餘部施於寧夏永昌等路
寺院永遠流通裝印西番字乾陀般若白傘三十餘件經呪
各十餘部散施土蕃等處流通讀誦今見平江路磧沙延聖
寺大藏板未完遂於大德十年閏正月爲始施財募緣節續
彫刊已及一千餘卷又見江南閩浙教藏經板較直北教藏
缺少祕密經論律數百卷管主八發心敬於大都弘法寺取
到經本就於杭州路立局命工刊彫圓備裝印補足直北腹
裏關西四川大藏教典悉令圓滿集斯片善廣大無爲廻向
眞如實際莊嚴　無上佛果菩提　西方教主無量壽佛
觀音菩薩勢至菩薩淸淨海衆菩薩祝延　皇帝萬歲　聖
后齊年　太子請王福壽千春　帝師法王福基鞏固時淸
道泰三光明而品物亨子孝臣忠五穀熟而人民悅上窮有
頂下及無邊法界懷生齊成佛道者
大德十年丙午臘月成道日宣授松江府僧錄管主八謹願

日本善福寺元藏平江路磧砂延聖寺刊大宗地玄文本論卷三後

案元河西字大藏經卽西夏字藏經元時奉旨刊於杭州路大萬壽寺僅見管主八所記仁和邵氏藏華嚴經數册其首卷首行題大方廣佛華嚴經卷第一次行題唐于闐三藏實叉難陀譯又次行題奉天顯道耀武宣文神謀睿智制義去邪惇睦懿恭天子神翻（原西夏文此據上虞羅福萇所譯）案宋史西夏傳西夏仁宗上尊號曰制義去邪則此經乃仁宗所重譯而刊刻字跡並與西夏所刊掌中珠等不同每半番六行行十七字與元刊漢字藏經行欵相同殆卽大德中杭州大萬壽寺刊本也法國伯希和教授於敦煌莫高窟石室得一西夏文殘卷不知何經末有漢字印題記云僧錄廣福大師管主八施大藏經於沙州文殊舍利塔寺永遠流通供養此卽管主八所施施於寧夏等路寺院之一也

祕傳關尹子言外經旨一卷（至元二十年）

至元癸未重陽日平陽府洪洞縣萬安里龍祥萬壽宮住持提點葆眞文靖大師沖和子姬致柔於浙西道杭州路梅橋

南玉屏福惠觀重新校正命工刊行

京本通俗小說

影元鈔本存卷十至卷六每半葉十一行行十八字

大唐三藏取經詩話三卷

末題中瓦子張家印半葉十行行十五字按吴自收夢粱錄鋪席門保佑坊前張官人經史子文籍鋪後即次以中瓦子前諸鋪此張家殆即張官人經史子文籍鋪也

古杭新刊的本關大王單刀會一卷

古杭新刊的本尉遲恭三奪槊一卷

古杭新刊的本關目風月紫雲庭一卷

古杭新刊的本李太白貶夜郎一卷

古杭新刊關目霍光鬼諫一卷

古杭新刊關目輔成王周公攝政一卷

右六種並每半葉十四行行二十四字

古杭新刊小張屠焚兒救母一卷

每半葉十行行二十四字上七種並元刊本

元西湖書院重整書目

經

易古注

此卽南宋監本之王弼注九卷略例一卷明初板亡故南雍志經籍攷不載

易注疏

此卽南宋監本周易正義十三卷（單疏本）南雍志周易註疏一十三卷好板一百四十二面壞者十九面遺失二百一十四面卽是也明南雍別有十行本兼義十卷卷數與此不同

易程氏傳

此卽南宋監本周易程氏傳六卷南雍志周易程氏傳五卷存好板二十面壞板八十二面

書古注

此卽南宋監本尚書孔氏傳十三卷明初板亡南雍志不載

易復齋說

此趙彥肅復齋易說六卷宋嘉定辛巳刊於嚴州別見嚴州後入西湖書院復歸南雍南雍志復齋易說六卷存者三十九面

書注疏

此南宋監本尙書正義二十卷亦單疏本每半葉十五行行廿四字南雍志有尙書小字註疏二十卷存好板九十九面遺失九十五面卽此板也

詩古注

此南宋監本傳箋二十卷明初板亡南雍志不載

詩注疏

此卽南宋監本毛詩正義四十卷卽紹興府刊本取入監者每半葉十五行行廿五字南雍志有毛詩正義一卷注云今亡

穀梁古注

此南宋監本范甯集解十二卷明初板亡南雍志不載

穀梁注疏

此卽南宋監本穀梁單疏十二卷南雍志春秋穀梁傳疏十

二卷好板一百十四面失八十七面卽是板南雍别有十行本注疏二十卷與此不同

埤雅

案陸農師所著書大半爲其曾孫子遹知嚴州所刊此目中埤雅與陸氏禮象疑亦子遹所刊宋時取入監中故新定續志書板中不復列入明初板亡南雍志不載

論語古注

此南宋監本何晏論語集注十卷明初板亡南雍志不載

論語注疏

此卽南宋監本論語單疏十卷南雍志有論語注疏十五卷存者殘板九面殆卽此板而卷數中衍五字南雍别有十行本注疏解經二十卷與此不同

論語講義

未詳

儀禮古注

此宋監本鄭注十七卷明初板亡南雍志不載

儀禮經傳

宋嘉定丁丑朱子子在刊儀禮經傳通解二十三卷於南康學宮後十餘年張虙又刊續通解二十九卷後板入宋監而西湖書院而明南雍南雍志有此書好板三百二十面壞板四百六十四面

春秋左傳注

此即南宋監本之春秋經傳集解三十卷南雍志有殘板三部

春秋左傳疏

此即南宋監本春秋正義三十六卷疑即婺州刊本取入監者南雍志春秋正義三十六卷好板二百四十一面失四百二十七面壞板五百四十一面即此書南雍別有十行本左傳注疏六十卷與此不同

公羊古注

此即南宋監本何休公羊傳解詁十二卷明初板亡南雍志不載

公羊注疏

此即南宋監本公羊單疏三十卷南雍志春秋公羊疏三十卷存者一百九十七面即是板也南雍別有十行本注疏二十八卷與此不同

孝經注疏

此亦南宋監本單疏三卷南雍志有孝經注疏一卷存者二十四葢即此板

孝經古注

此即南宋監本唐玄宗御注一卷明初板亡

古文孝經注

論孟集註

案下有文公四書則此非朱子書疑即金仁山之論孟集註考證也其書以至元三年刊于婺州路而此目成於泰定元年殆後人所增入也南雍志論孟集註考證二十卷好板九十三面壞板十八面缺者三十二面

孟子古注

此卽南宋監本趙岐章句十四卷明初板亡
孟子注疏
文公四書
大學衍義
南雍志大學衍義四十三卷脫者止二面存者八百五十三
面
國語注補音
此亦南宋監本南雍志國語二十一卷補音三卷存者三百
六十面破者六面
春秋高氏解
此恐卽呂氏春秋高誘注也至元甲午刊於嘉興後入西湖
書院轉入明南監南雍志呂氏春秋二十六卷存者三百六
十三面半損十六面失五面
禮記古注
此卽南宋監本鄭注二十卷明初版亡
禮記注疏

此即南宋監本單疏七十卷明初版亡

周禮古注

此即南宋監板鄭注十二卷明初板亡

周禮注疏

此即南宋監本單疏五十卷明初板亡

儀禮注疏

此即南宋監本單疏五十卷每半葉十五行行廿七字南雍志儀禮注疏五十卷舊板壞失只殘板五面

儀禮集說

有大德辛丑敖繼公自序即此時所刊南雍志儀禮集說十七卷存者七百八十一面欠者五十九面

陸氏禮象

直齋書錄解題禮象十五卷陸佃以政舊圖之失其尊爵彝舟皆取諸公卿家與祕府所藏古遺器案與聶圖大異案此疑嚴州刊本宋時取入監中明初板亡

葬祭會要

明初板亡

政和五禮

此當是南宋監本明初板亡

文公家禮

宋時刊本甚多此當是宋末監中刊本南雍志文公家禮四卷存者一百零六面模糊八面失者三十四面有餘

經典釋文

此卽南宋監本三十卷南雍志有尙書釋文一卷毛詩音義二卷皆注云今亡

爾雅古注

此南宋監本郭璞注三卷南雍志爾雅三卷存者二十餘面餘缺

爾雅注疏

此南宋監本爾雅單疏十卷疑卽溫州刊本後取入監南雍志爾雅注疏十卷存者二十九面南雍別有元刊九行本註疏九卷與此卷數不同

說文解字
此卽南宋監本南雍志說文解字十五卷脫者五十五面存者二百十四面內半模糊
玉篇廣韻
此疑亦南宋監本
禮部韻略
此亦南宋監本南雍志禮部韻十卷存者一百零八面壞者二十四面欠者五十四面有餘
毛氏增韻
此亦南宋監本明初板亡
博古圖
此疑大德重刊本南雍志博古圖三十卷存者一千一百十七面脫者十四面
孔氏增韻
明初板亡
文公小學書

宋末刊本甚多此疑亦監中所刊南雍志小學白文四卷存者五十八面脫者三十二面

史

大字史記

此紹興中淮南轉運司刊本每半葉九行行十九字列傳第二十七後有左迪功郎充無爲軍軍學教授潘旦校對右承直郎充淮南路轉運司幹辦公事石蒙正監雕容齋續筆謂紹興中分命兩淮江東轉運司刻三史板此其一也宋時取入監中自是而元西湖書院而明南雍明之中葉尚有印本南雍志史記大字一百三十卷（此襲舊志之文）卽是板也注以嘉靖七年新刊本當之非是

中字史記

此南宋翻北宋監本每半葉十行行十九字明景泰中重脩白鹿書院本卽自此出南雍志史記中字七十卷（實百三十卷以列傳終於七十故致此誤）卽此板也注以元集慶路本（實饒州路本）當之非是

史記正義

明初板亡

東漢書　西漢書

此皆南宋監本

三國志

此南宋監本（衢州刊本後取入監）十行十九字

南齊書　北齊書　宋書　陳書

梁書　周書　後魏書

右南北朝七史皆南宋監本明南雍印行之九行本即是也

南雍志宋書一百卷存者二千一百七十四面缺二面南齊書五十九卷存者一千零五十八面缺三面梁書五十六卷存者九百六十七面缺三面陳書三十六卷存者五百四十八面缺八面魏書一百二十四卷存者三千三百八十二面失者三面北齊書五十卷存者七百零十四面缺二面後周書五十卷存者八百七十二面缺者五面

元輔表

直齋云一卷龔頤正撰專錄宰相不及執政明初板亡

刑統注疏
此即南宋監本刑統三十卷以其載唐律疏議故謂之注疏
南雍志唐刑統三十卷存者二十八面
刑統申明
陳直齋云紹興刑統申明一卷開寶以來累朝訂正與刑統
並行者此亦南宋監本明初板亡
刑律文
此即律文十二卷律音一卷疑亦南宋監本明初板亡
成憲綱要
明初板亡
新唐書　五代史井纂誤
此三書皆南宋監本湖州刊後取入監南宋板亡
荀氏前漢紀　袁氏後漢紀
此疑即紹興間越州刊本宋時取入國子監明初板亡
通鑑外紀
此疑亦紹興間越州刊本宋時取入國子監南雍志資治通

鑑外紀十六卷脫者八十餘面存者三百四十六面半損十

七面

通歷

明初板亡

資治通鑑

此南宋監本南雍志資治通鑑二百九十四卷好板一千二

百四十五塊壞板二千九百十一塊又考異三十卷存者四

十二面

武侯傳

宋時刊板南雍志諸葛武侯傳一卷存者三面

通鑑綱目

此亦南宋監本南雍志資治通鑑綱目五十九卷凡例一卷

好板一千零三十七塊壞五十六塊半破五十二塊

仁皇訓典

陳直齋云六卷翰林侍講范祖禹撰元祐八年經筵所上凡

三百十七條亦如寶訓體案此亦宋時刊板明初亡

唐書直筆
此亦宋時刊板明初亡
子由古史
此卽衢州刊本宋時取入國子監南雍志子由古史五十卷脱者四十七面存者五百六十五面
唐六典
此疑卽温州刊本宋時取入國子監明初板亡
救荒活民書
南雍志所録乃集慶路刊本非此板
臨安志
此卽潛說友咸淳臨安志明初板亡
崇文總目　四庫闕書
此疑亦南宋監本明初板亡
唐書音訓
明初板亡
顔子

南雍志顔子一卷脫者二十二面存四十三面

曾子

南雍志曾子二卷存殘板四面餘皆缺

荀子

此卽南宋監本（台州刊）南雍志荀子十六卷存者三百五十五面缺者六十四面有餘

列子

此亦南宋監本南雍志八卷存者殘板八面餘皆缺

揚子

此亦南宋監本南雍志揚子法言五卷今亡

文中子

此亦南宋監本明初板亡

太玄溫公注

太玄集注

南雍志集註太玄經五卷存者二百一十面

武經七書

此疑亦南宋監本明初板亡故洪武三十年兵部重刊之

百將傳

南雍志百將傳十卷只存壞板一百餘面

新序

南雍志劉向新序十卷今亡

集

通典

此疑卽杭州刊本宋時取入國子監明初板亡

兩漢蒙求

陳直齋云十卷樞密吳興劉班希范撰紹聖中所序明初板亡

韻題類選

陳直齋云一百卷朝奉大夫知處州袁轂容直撰以韻類事纂集頗精要明初板亡

回文類聚　　聲律關鍵

並明初板亡

西湖紀逸

陳直齋云和靖集三卷西湖紀逸一卷處士錢塘林逋君復撰梅舜俞爲之序紀逸者近世桑世昌澤卿所輯遺文逸事也明初板亡

農桑輯要

元史仁宗本記延祐二年八月詔江浙行省印農桑輯要萬部頒降有司遵守勸課明初板亡南雍志所錄者元集慶路刊本也

韓昌黎文集

此南宋監本明初板亡

蘇東坡集

明初板亡

唐詩鼓吹

此至大戊申浙省屬儒司刊本明初板亡

張南軒文集

此疑卽宋嚴州刊板後入西湖書院明初板亡

曹文貞公集

此書與救荒活民書農桑輯要皆元集慶路所刊至正金陵新志具列其目彼二書有數刊本不足異此集似不應金陵杭州有二刻本豈金陵之板亦取入西湖書院與

武功錄

明初板亡此恐即平宋錄

金陀粹編

此岳倦翁刊於嘉興之板未幾即亡故至正間又重刊

擊壤詩集

明初板亡

林和靖詩

此殆即宋浙右漕司刊本明初板亡

呂忠穆公集

陳直齋云呂忠穆集十五卷丞相濟南呂頤浩元直撰後三卷爲燕魏錄雜記古今事末言金人敗盟始末甚詳明初板亡

王魏公集
陳直齋云二十卷尚書左丞王安禮和甫撰明初板亡
伐檀集
此即宋浙右漕司刊本明初板亡
王校理集
陳直齋云六十卷祕閣校理王安國平甫撰明初板亡
張西巖集
明初板亡
晦庵大全集
此即杭本一百卷南雍志晦庵文集九十九卷存好板四千二百二十八面失四百九十八面
宋文鑑
此新安郡齋刊大字本十行十九字宋末取入國子監南雍志文鑑大字板缺者半字亦模糊難以校次
文選六臣注
南雍志文選六十卷計好板六百四十八而外模糊難認字

號壞一千餘面

西湖書院重整書目記文者貫道之器爰自竹簡更爲刻梓文始極盛而道益彰西湖精舍因故宋國監爲之凡經史子集毋慮二十餘萬皆存焉其成也豈易易哉近者鼎新棟宇工役悤遽東遷西移書板散失甚則置諸雨淋日炙之中駸駸漫滅一日憲幕長張公昕同寅趙公植柴公茂因奠謁次顧而惜之謂興滯補弊吾輩事也迺度地於尊經閣後創屋五楹爲庋藏之所俾權山長黃裳訓導胡師安司書王通督□生作頭顧文貴等始自至治癸亥夏迄於泰定甲子春以書目編類揆議補其缺噫昔人勤於經始張公長貳善於繼述此志良可嘉也是用紀其實績幷見存書目勸諸堅珉以傳不朽非獨爲賢者勸抑亦斯文之幸也歟山長陳袤記前教諭張慶孫書幷篆泰定元年九月直學朱鈞立

黃溍西湖書院義田記西湖書院實宋之太學規制尤甚舊所刻經史羣書有專官以掌之號書庫官宋亡學廢而板庫具在至元二十八年承旨徐文貞公治杭以其建置之詳達

於中書畀書院額立山長書庫之所掌悉隸焉

浙上

開封闞葆謙上虞羅福葆同校

兩浙古刊本考卷下

王忠慤公遺書內編

海甯　王　國維

嘉興府刊板

林至易裨傳一卷至正四年

先生字德久宋淳熙釋褐魁官至祕書登晦庵先生之門松江府人事載郡乘是書乃庸田使康公出授士子今太守劉公命鋟嘉興郡學傳示學者云至正四年十月朔日識

韓詩外傳十卷至正十五年

錢惟善序海岱劉侯貞來守嘉禾聽政之暇因以其先君子節齋先生手鈔所藏諸書悉刊置郡庠期與四方之士共之

大戴禮記十三卷至元三十一年

鄭元祐序海岱劉公庭幹以中朝貴官出爲嘉興路總管政平訟理發其先府君御史節齋先生所藏書刊諸梓寘之學

大戴禮其一也

禮部韻略釋疑五卷嘉熙

內閣書目是編嘉熙間四明余天任曾刊于嘉禾郡齋

案此即歐陽德隆之押韻釋疑五卷常熟瞿氏藏宋刊本每半葉十行行大字不等小二十五字

韻補五卷

陳鳳梧序韻補嘉興舊有刻板

河防通議二卷（至元四年）

六府三事允治禹功莫大焉猶幸其書之存而可考也僉憲贍公得之講求修齊治平之暇取金宋河防通議一書合而訂正之可謂有用之寔學僕試郡眞定嘗得而推行之茲來嘉禾鋟梓於學以廣其傳三吳水利能取則焉則是編又豈止於防河而已哉至元四年戊寅望日亞中大夫嘉興路總管兼管內勸農事□元昇跋

呂氏春秋二十六卷（至元三十一年）

鄭元祐序節齋先生不樂仕僅以監察御史終仕不究德而始發於其子嘉興公嘉興公以文儒起家揚歷朝箸出爲嘉興路總管念其家所藏書皆節軒先生所手校於是出其一

二以刊於嘉禾之學宮與學者共而呂氏春秋其一也旣刊版乃俾元祐爲之序御史公海岱人諱克誠字居敬累贈至禮部尚書嘉興公名貞字庭榦由嘉興擢授海道都漕運萬戶云

嘉興路儒學教授陳泰校吳興謝盛之刊（在卷末）

每半葉十行行二十字

通鑑紀事本末四十二卷（寶祐丁巳）

趙與𥲅序嚴陵舊本字小且訛乃易爲大書精加讎校以私錢重刊之非特便老眼訓子弟庶與四方朋友共之（寶祐丁巳）

陳良弼序節齋刻板後束之高閣者四十餘年其孫明安過嘉禾學宮出所藏書板見示因白御史宋公一齋僉憲鄧公善之以中統鈔七十五定償之寘之學宮因書得板顚末於節齋序後（延祐六年）

案此板明初入南監每半葉十一行每行十九字

鄂公金陀粹編二十八卷（嘉定十一年）

自序珂試守檇李之明年始刻家世籲天之書於郡塾即漢

制佩章之義粹五編爲一命之曰金佗嘉定著雍攝提格歲
戴洙後序岳鄂忠武王之孫有名珂者彙集王之豐功茂績著爲金佗粹編凡若干卷其板舊刊之嘉禾歲久板脫壞無存其文藏諸民閒者又遺闕而無全書宥府經歷朱君佑之乃爲之徧求四方得其殘篇斷簡參互攷訂合其次弟始克成書復得續集五卷於平江蓋江西本也通爲原缺三字比前尤詳於是將刻梓於平章相國大新祠宇之後郎中陳君初庵爲之序

海鹽澉水志八卷寶祐四年

紹定三年鎮尹羅儀甫屬余撰澉水志雖一時編集大略而儀甫滿去竟弗暇閒逾七八政越歲既久訂正尤詳因見邊孫君來此聽訟優長遇事練熟雖鎮場廢毀非疇曩比然能公謹廉敏明燭隱幽才幹有餘趁辦自足爰割已俸售募鐫行水軍袁統制聞而喟然曰是書不刊於鎮稅全盛之時乃刊於鎮稅凋敝之後甚可嘉已鋭捐梓料繡贊其成噫元和郡縣志丞相李吉甫所制也後三百餘年待制張公始刻於

襄陽今余所編瀲水志後二十七禩權鎮孫君即鏤于時阜則是書之遇知音不又大可慶耶竹窗常棠

至元嘉禾志三十卷至元二十五年

唐天麟序宋嘉定甲戌郡守岳侯珂悼前聞之遺闕嘗命鄉先輩關表卿栻任行人子羽之事編稿將上而岳侯去鄉論惜之越六十三載皇帝撫有江南寸天尺地無一不入版圖內廼至元甲申克齊單公來佐郡幕公餘過從輒清談竟日遂創議檄委郡博士徐君碩重加修纂君承命惟謹網羅散失抉剔幽眇攷古訂今裒集會粹曩之爲卷者五今之爲卷者三十有二曩之爲門者二十有五今之爲門者四十有三彪分明列此志得爲全書徐君之用功亦勞矣編成而萊山劉侯傑寔來一日曦鸞莅泮路推良佐翟公汝弼以是白侯侯退而稔於同列同列亦喜亟命工刻之梓至元著雍困敦

媿郯錄十五卷

楹書隅錄每半葉九行行十七字余家藏嘉興刊柳柳州集與此本正同其行欵字數及板心所記刻工若曹冠宗曹冠

英王顯諸姓名與此多合

案此亦岳倦翁守嘉興時所刊楊錄以爲嘉定甲戌姑蘇鄭定刊于嘉興者非是

唐陸宣公集二十二卷（至大四年）

厲一鶚序郡學舊有奏議制誥凡二十二卷歷歲幾二百盱眙王公子中來守是邦復念此書字畫漫舛特甚乃以推官胡公德修家藏善本詳加讎正重新刊梓以幸多士（至大辛亥）

至大辛亥秋教官厲心齋奉總管王公子中命重新繡梓詳加校訂任其責者學正四明陳沆學錄毗陵蔣騰孫路掾廬陵易偉也監督直學張天祐馬天祺學吏程泰孫施去非

每半葉十行行十七字

添注重校音辨唐柳先生文集四十五卷外集二卷

直齋書錄解題姑蘇鄭定刊於嘉興以諸家所注輯爲一編曰集注曰補注曰章曰孫曰韓曰張曰董氏而皆不著其名其曰重校曰添注則其所附益也

每半葉九行行十七字聊城楊氏有此書刻工姓名與愧郯

錄同

節孝先生集三十卷

許及之節孝語錄跋嘉禾已刊先生文集乾道己丑

王央亭淮安本文集序節孝先生文集山陽舊板燬於兵火四世孫坦家藏嘉禾墨本字畫磨舛先後失序湻祐庚戌

靜修先生文集三十卷至正九年

皇帝聖旨裏江南浙西道肅政廉訪司准本道僉事哈剌那海儒林牒嘗謂國有名賢幸遺言之未泯職司風紀惟見義則必爲切覩故徵士集賢學士嘉議大夫贈翰林學士資德大夫追封容城郡公謚文靖靜修先生劉因負卓越之才藴高明之學說經奚止於疏義爲文務去乎陳言行必期於古人事每論乎三代漢唐諸子莫之或先周邵正傳庶乎可繼戶外之屨常滿丘園之帛屢來咸虛往而實歸竟深居而簡出雖立朝不踰於數月而淸節可表於千年慨想高風既已廉頑而立懦訪求故藁所當微顯而闡幽考諸學官或文有可采或事有可錄皆得鋟梓以傳況先生詩文大關世教豈

容獨缺今抄錄詩文附錄共三十卷於各路錢糧多處刊行傳布則上可以裨國家之風化下可以爲學者之範模牒請照驗施行准此憲司今將上項文集九本隨此發去合行故牒可照驗依上施行須至牒者　牒件今牒嘉興路總管府照驗故牒至正九年九月十一日

秋澗先生大全文集一百卷（至治二年）

皇帝聖旨裏中書省御史臺呈據監察御史呈切見故翰林學士秋澗王文定公文才博雅識見老成廼中州之名士也頃在翰林暨居臺察觀其因事匡時立言傳世未嘗不以致君澤民爲心端本澄源是務進呈承華事略蒙裕宗皇帝嘉納諸皇孫傳觀宏益良多近日又蒙聖上特命張司農等再行繪寫以賜東宮若非深有可取豈能如是哉即係兩朝御覽珍重文集又有元貞守成事鑑中堂事記烏臺筆補玉堂嘉話幷其餘雜著光明正大雅健雄深皆出於仁義道德之奧裨益政務有關風教足爲一代之偉觀故追贈制詞有云觀其遺書蓋抱經綸之志詢夫成迹豈徒黼黻之才惟先朝

著蔡之是稽緊後生斗山之所仰其子太常禮儀司直公孺
編類成書計一百卷字幾百萬家貧不能播刊無以副中外
願見之心翰林國史院已嘗爲言未蒙定奪若依祕書少監
楊桓六書統郝奉使文集例具呈都省移咨江浙或江西行
省於學田子粒錢內刊行昭布諸路學校以示後進非惟儒
風有所感激實彰聖朝崇儒之盛事也具呈照詳得此送據
禮部呈照到郝文忠公例著述陵川文集十八册三國志三
十册已經具呈都省於江南行省所轄儒學錢糧多處就使
刊行去訖本部議得翰林學士王秋澗文集合淮監察御史
所言比依郝文忠公例移咨江浙行省有儒學錢糧內便就
刊行相應具呈照詳得此照得郝文忠公文集已咨江西行
省委官提調如法刊畢各印二十部裝褙完備咨來云訖今
據見呈今將秋澗王文定公文集隨此發去都省合應移咨
請照驗依上施行須至咨者　右咨江浙行中書省
延祐庚申八月太守伯常王侯以王公大全文集俾本學鋟
梓時衆以禾庠廪粟有限議欲均派諸役王侯謂應龍曰刊

印文集出於上命學校當委曲任之以副朝廷崇尚文雅嘉惠後學之意雖重費容何傷屬應龍計料分類篇目爲一百卷命儒生繕寫刊刻工未及竟而王侯遷廣東廉使凛乎其不可留也辛酉九月本道分司盧簽憲到路適會公之長孫赴福建簽事道由嘉禾議論翕合遂委本路治中壽之高侯專一提調高侯舊參省幕聲譽夙著視刊匠不滿十人慮以遷延歲月爲病洊申省府取發工匠鄰郡不旋踵而至者二十餘人併工相而成之繇是賴以完備役繁費殷良不易也時至治壬戌春孟嘉禾郡文學掾晚學羅應龍謹書集後

右計其工役始于至治辛酉三月畢於至治壬戌正月

嘉興路司吏楊恢監督嘉興路儒學學錄余元第董工前蘭溪州州判唐泳涯校正

每半葉十二行行二十字

文心雕龍十卷 至正十五年

讀書敏求記此書至正乙未刊於嘉禾

白石道人歌曲四卷別集一卷 嘉泰二年

歌曲特文人餘事耳或者少諧音律白石留心學古有志雅
樂如會要所載奉常所錄未能盡見也聲文之美概具此編
嘉泰壬戌刻於雲間之東巖其家轉徙自隨珍藏者五十載
淳祐辛亥復歸嘉禾郡齋千歲令威夫豈偶然因筆之以識
歲月端午日菊坡趙與訔書

湖州府刊板

論語集說十卷淳祐六年

姜文龍序刊是書於湖頖淳祐六年

唐書二百二十五卷　五代史記七十四卷

唐書糾繆二十卷　五代史纂誤五卷雜錄一卷

直齋書錄解題字文時中守吳興以郡庠有二史板遂取吳
氏二書刻之後皆取入國子監初郡人思溪王氏刻藏經有
餘板以刊二史寘郡庠中興監書多闕遂取其板以往今監
本是也

大宋登科記不分卷

直齋書錄解題大宋登科記三十二卷洪适編始吳興郡學

有鋟板不分卷第止述進士二科适始廣之

大藏經五千四百八十卷紹興二年

大宋國兩浙路湖州歸安縣松亭鄉思村居住左武大夫密州觀察使致仕王永從同妻恭人嚴氏弟忠翊郎永錫妻顧氏姪武功郎沖允妻卜氏從義郎沖彥妻陳氏男迪功郎沖元妻莫氏保義郎沖和妻呂氏與家眷恭爲　今上皇帝聖躬萬歲利樂法界一切有情謹發誠心捐捨家財開鏤大藏經板總伍伯伍拾函永遠印造流通　紹興二年四月日題

雕經作頭李孜李敏　印經作頭密榮　掌經沙門法己

對經沙門仲謙行堅　幹雕經沙門法相　對經慈覺大師靜仁慧覺大師道融賜紫修敏　都對證湖州覺悟教院住持天台祖教眞悟大師宗鑑　勸緣平江府大慈院住持管內掌法傳天台教說法大師淨梵　勸緣住持圓覺禪院傳法沙門懷深日本南禅寺藏長阿含經卷廿二首

大宋國兩浙道湖州歸安縣松亭鄉思溪居住左武大夫密州觀察使致仕王永從同妻恭人嚴氏弟忠翊郎永錫妻顧

氏姪武功郎沖允妻卜氏從義郎沖彥妻陳氏男迪功郎沖
元妻莫氏保義郎沖和妻呂氏幷家眷等捐捨家財命工開
鏤大藏經伍伯伍拾函永遠印造流通所鳴福利恭爲今
上皇帝聖躬萬歲利及一切有情　紹興二年四月日謹題
雕經作頭李孜李敏　印經作頭金紹
掌經沙門覺清　幹雕經沙門法祖　對經沙門仲謙行堅
對經沙門靜仁慧覺大師道融賜紫修敏
都對證湖州覺悟教院住持傳天台教眞悟大師宗鑑　勸
緣平江府大慈院住持管內掌法傳教說法大師淨梵　都
勸緣住持圓覺禪院傳法慈受大師懷深（右日本藏無相思塵論首）
嘉泰吳興志圓覺禪院在思谿宣和中土人密州觀察使王
永從與其弟崇信軍承宣使永錫創建賜額爲慈受和尚道
場有塔十一層及有藏經五千四百八十卷印板作印經坊
黃學士文集思谿圓覺法寶寺舍利塔記宋崇信軍承宣使
王公永從宣和閒仕於朝慈受深禪師時住慧林永從暇日
數與之游而咨決心要閒語及有爲因果禪師言起塔之功

最勝蓋舍利所在則爲有佛也永從既謝事而歸則捨家造寺建塔迎禪師爲之開山

大藏經五千七百四十卷

安吉州烏程縣崇孝鄉前蘆村鈕家埧金九道生前有遺下田會錢壹伯柒拾貫文官會今將此前項錢雕刊華嚴合論第一百五卷所鳩功德嚴薦金九庵主超昇淨土受勝妙樂淳祐二年一月日弟子金□題

安吉州烏程縣移風鄉息塘村北其亭里居奉三寶弟子姚智聰捐施財刊大華嚴經弟百十一卷所集功德上薦先祖姚四郎婆陸氏四娘先考姚八郎妣周氏五娘子伏願同歸一眞法界更冀保庇身安心樂道業增崇者淳祐二年三月日姚智聰謹題右日本南禪寺藏

此華藏經合論似亦大藏經之一世稱安吉州藏是也宜都楊惺吾舍人舊藏全部中佚數百卷舍人曾著之日本訪書志稱嘉熙三年刊末附目錄二卷余疑此藏即就思溪王氏所刊加以增補未必別有一刻也

冥樞會要三卷紹興十五年

四谿比丘了義書　湖州報恩光孝禪寺住持嗣祖比丘道樞重開時紹興十五年歲次乙丑端午日謹題在卷末

每半葉十行行二十字

景德傳燈錄延祐三年

延祐丙辰重栞於湖州道場山禪幽之庵

每半葉十三行行二十三字

天台教苑清規

黃溍序天台教苑清規舊嘗刻寘上天竺山之白雲堂後燬弗存今圓覺住山慶公懼久將廢墜乃取故所藏本重加詮次正其舛訛補其闕佚而參攷乎禪律之異同捐己橐復刻焉

按圓覺住山慶公當是思谿圓覺法寶寺僧

安陸集

齊東野語余家又藏張子野詩一帙名安陸集舊京本也鄉守楊嗣翁見之因取刻之郡齋

石林居士集一百卷

葉籟石林居士建康集跋別有總集一百卷昨已刊於吳興里舍

北山小集四十卷

錢大昕跋黃孝廉蕘圃得宋槧本北山小集四十卷皆用故紙印刷驗其紙皆乾道官司薄帳其印記文可辨者曰湖州司理院新朱記曰湖州戶部贍軍酒庫記曰湖州監在城酒務記曰湖州司獄朱記曰烏程縣印曰歸安縣印曰監湖州都商務朱記意此集刻於湖州官廨也

每半葉十行行二十字

松雪齋文集十卷外集一卷續集一卷（至元五年）

至元後己卯花谿沈氏伯玉刊于家塾（目錄後）　吳興沈氏華溪義塾刊行（卷二卷五集後）

松雪翁詞翰妙天下片言隻字人輒傳玩公薨幾二十年矣而平生所爲詩文尚未鏤板今從公子仲穆求假全集與友原誠鄭君再加校正凡得賦五古詩一百八十四律詩一百

五十絶句一百四十雜著五序二十記十二碑誌廿六制誥策題批荅廿五贊十銘一題跋五樂府二十總五百三十四并公行狀謚文一卷目錄一卷合爲十二卷亟鋟諸梓識者得共觀焉至元後己卯良月十日花谿沈璜伯玉書

每半葉十二行行廿二字

紹興府刊板

甲浙東轉運司本

周易正義十三卷　尚書正義二十卷

毛詩正義四十卷　周禮正義五十卷

禮記正義七十卷紹熙三年

六經疏義自京監蜀本皆省正文及注又篇章散亂覽者病焉本司舊刊易書周禮正經注疏萃見一書便於披繹它經獨闕紹熙辛亥仲冬唐備員司庾遂取毛詩禮記疏義如前三經編彙精加讎正用鋟諸木庶廣前人之所未備乃若春秋一經顧力未暇姑以貽同志云壬子秋八月三山黄唐謹識

進士傅伯膺
進士陳克己
應賢良方正直言極諫科莊治
修職郎紹興府會稽縣主簿高似孫
修職郎監紹興府三江錢清曹娥鹽場管押袋鹽李日嚴
迪功郎充紹興府府學教授陳自强
文林郎前台州州學教授張澤
從事郎兩浙東路安撫司幹辦公事留駿
校正官
宣教郎兩浙東路提舉常平司幹辦公事李深
通直郎兩浙東路提舉常平司幹辦公事王汾
朝請郎提舉兩浙東路茶鹽常平公事黄唐禮記疏後
此即岳倦翁所謂越州舊本注疏也現存尚書周禮禮記三疏尚書藏日本足利學校周禮藏江右李氏禮記藏南海潘氏尚書每半葉八行行大十七八字小十九字禮記每半葉八行行大五字小廿二字周禮未見僅見江安傅氏所藏殘

葉一紙每半葉八行大十七八字小廿二字

論語注疏解經十卷　孟子注疏解經十四卷

行款與前同論語疏京師圖書館藏殘葉孟子疏南海潘氏藏卷三卷四二卷此刊於慶元後者

古周易十二卷音訓二卷

直齋書錄解題著作郎東萊呂祖謙伯恭所定篇次與汲郡呂氏同音訓則門人王莘叟筆受朱晦庵刻之於臨漳會稽益以程氏是正文字及晁氏說其所箸本義據此本也

唐書二百卷

右文林郎充兩浙東路提舉茶鹽司幹辦公事蘇之勤校勘
右文林郎充兩浙東路提舉茶鹽司幹辦公事霍文昭校勘
左從政郎紹興府錄事參軍徐俊卿校勘
左從政郎紹興府錄事參軍張嘉賓校勘
左奉議郎充紹興府府學教授朱倬校正

每半葉十四行行大廿五六字小三十一至三十三字常熟瞿氏藏殘本六十一卷

前漢紀三十卷後漢紀三十卷紹興十二年
王銍後序編修王公敦閲古訓博極羣書其出使浙東也既
刻劉氏外紀以足資治通鑑又重刻舊唐書至刻此兩漢紀
其艱其勤尤爲盡力紹興十二年
右通直郎時添差充紹興府會稽縣丞莊革校正
每半葉十三行行廿四字
資治通鑑二百九十四卷目録三十卷考異三十卷紹興三年
紹興二年七月初一日兩浙東路提舉茶鹽司公使庫下紹
興府餘姚縣刊板紹興三年十二月二十日印造進入
右迪功郎紹興府司法參軍主管本司文字兼造帳官臣邊智
右迪功郎充提舉茶鹽司幹辦公事臣常任保
右文林郎充提舉茶鹽司幹辦公事臣强公徹
右修職郎充提舉茶鹽司幹辦公事臣石公憲
右奉議郎提舉兩浙東路茶鹽司公事臣韓協
降授右朝奉郎前提舉兩浙東路茶鹽司公事臣王然
校勘監視

嵊　縣進士婁謂　進士茹贊廷
進士唐弈　進士婁時升
進士婁時敏　進士石衮
進士茹玕　進士玉念
進士張綱
右廸功郎新虔州興國縣主簿唐自
餘姚縣進士葉汝士　進士杜邦彥
進士錢移哲　進士陸宮
進士顧大冶　進士呂克勤
進士張彥衡　進士朱國輔
進士杜紱　進士孫彬
右廸功郎紹興府餘姚縣主簿王絪
右從事郎紹興府嵊縣尉薛鎡
右修職郎紹興府嵊縣丞桂祐之
右廸功郎紹興府府學教授晏肅
右承務郎知紹興府餘姚縣丞馮榮叔

右宣教郎知紹興府餘姚縣丞晏敦臨

右承奉郎知紹興府嵊縣主管勸農公事兼兵馬監押范仲將

右宣義郎知紹興府餘姚縣主管勸農公事兼監石堰鹽場徐端禮

左奉議郎簽書鎮東軍節度判官廳公事張九成

每半葉十一行行二十字

通鑑釋例一卷

胡三省通鑑釋文辨誤序又有通鑑釋例浙東提舉常平茶鹽司板本乃公休之孫伋所編

通鑑外紀十五卷

王銍兩漢紀後序編脩王公敦閲古訓博極羣書其出使浙東也既刻劉氏外紀以足資治通鑑

稽古録二十卷

朱子與鄭知院書熹向在長沙嘗得温公稽古録正本别爲刊刻今越中本欲待成書奏御未竟而來又欲面奏行下取索則又未及而去

直齋書録解題此書始刻於越其後再刻於潭越本歷年圖

譜論聚見第十六卷蓋因圖之舊也潭本諸論各繫於國亡之時故第十六卷惟存總論

外臺祕要四十卷

右從事郎充舉兩浙東路提舉茶鹽司幹辦公事趙子孟校勘

右廸功郎充兩浙東路提舉茶鹽司幹辦公事張寔校勘

每半葉十三行行二十四字

太玄經十卷說玄一卷釋文一卷

右廸功郎充兩浙東路提舉茶鹽司幹辦公事張寔校勘

每半葉八行行十七字

蘭亭考十二卷

直齋書錄解題即蘭亭博議浙東庾司所刻視初本頗有刪改

事類賦三十卷

紹興丙寅右廸功郎特差監潭州南嶽廟邊惇德

左儒林郎紹興府觀察推官主管文字陳綬

右從政郎充浙東提舉茶鹽司幹辦公事李端民校勘

每半葉十一行行二十字明仿宋本如是

苕溪漁隱叢話前集六十卷後集四十卷

從政郎充紹興府府學教授林思齊校勘

從政郎充兩浙東路提點刑獄司備差遣盧希度校勘

從政郎充兩浙東路提點刑獄司幹辦公事魏態夢校勘

文林郎充兩浙東路提點刑獄司檢法官徐森校勘

朝散郎直祕閣兩浙東路提點刑獄公事胡仰

案寶慶會稽續志浙東提刑題名胡仰淳熙元年十一月以

朝散大夫直祕閣到任淳熙二年三月罷任

毛詩正義四十卷

乙紹興府本

紹興九年九月十九日紹興府雕造

校對官右廸功郎監潭州南嶽廟韓彰

校對官右廸功郎監潭州南嶽廟穆准

管幹雕造官右文林郎紹興府觀察推官曾掞

管幹雕造官右承直郎紹興府觀察判官白彥良

此覆刊北宋單疏本每半葉十五行行廿五字

春秋左傳正義三十六卷

作賓叨蒙異恩分閫浙左仰體聖天子崇尚經學之意惟恐弗稱訪諸僚吏則聞給事中汪公之爲帥也常取國子監春秋經傳集解正義參以閩蜀諸本俾其屬及里居之彥相與校讐毋敢不恪又自取而觀之小有訛謬無不訂正以故此書純全獨冠他本不憚廣費鳩工集事方殷而遽去今檢正俞公以提點刑獄兼攝府事亦嘗加意是書未畢而遽去作賓竊惟春秋一經褒善貶惡正名定分萬世之權衡也筆削淵奧雖未易測知然而左氏傳杜氏集解孔氏義疏發揮聖經功亦不細萃爲一書則得失盛衰之迹與夫諸儒之說是非異同昭然具見此前人雅志繼其後者庸可已乎遂卒成之諸經正義既刊於倉臺而此書復刊於郡治合五爲六炳乎相輝有裨後學有補教化遂爲東州盛事昔熙豐大臣疑是經非聖哲之書不列於學官識者痛之中興以來抑邪詖尊聖經乃復大顯以至於今世道所關不可以無述也於是

乎書慶元庚申二月既望吳興沈作賓謹題

是書舊有宋本藏吳中朱文游奐家後歸歙縣金輔之榜不知存佚行歟亦不可考

切韻指掌圖二卷

右先文正公切韻指掌圖近印本于婺之麗澤書院深有補於學者謹重刊于越之讀書堂紹定庚寅三月朔四世從孫□敬書于卷末

每半葉十一行每行十六字

戰國策十卷

國策舊有高誘注甚略吾鄉先生鮑公彪守習孤學老而益堅取班馬二史及諸家書比輯而爲之注條其篇目辯其訛謬缺則補衍則削乖次者悉是正之時出己意論說四易稿始成其用功亦廑而世罕傳余得其本刊之會稽郡齋使學者知前輩讀書不苟如此公妙年甲進士第耻求人知嘗有此身甘作老文林之句其志操可見白首始爲郎即挂冠歸田里杜門著書有書解及杜詩注行於世紹興辛亥日南至

括蒼王信書

每半葉十行行二十字

松漠紀聞二卷續一卷

洪遵跋先忠宣松漠紀聞伯兄鏤板歙越

諸史提要十五卷

迪功郎前監潭州南嶽廟李龜朋校正

從事郎前平江府吴縣尉主管學事徐似道校正

迪功郎紹興府府學教授胡紘校正

案嘉泰會稽志錢端禮知越紹興府在乾道九年則此板乃是時所刊也每半葉九行行大十四字小二十八字烏程蔣氏有宋刊本

吴越春秋十卷

右吴越春秋十卷後漢趙曄所著余既刻越絶書遂并刻之蓋二書實相表裏而曄又爲郡人其書固宜廣第訛舛特甚惜無從可以是正云嘉定甲申八月望日新安汪綱書

越絶書十五卷

越絕書苦無善本近得丁文伯以蜀中所刊者見示參考讎
爲可讀因刊置郡齋以補越中之闕云嘉定甲申八月旦日
新安汪綱書

嘉泰會稽志二十卷

紹興府今刊會稽志一部二十卷用印書紙八百幅古經紙
一十幅副葉紙二十幅背古經紙平表一十幅工墨錢八百
文每册裝背　文右具如前
嘉泰二年五月　日手分俞澄王思忠具
安撫使司校正書籍傅穉
每半葉十行行二十字

會稽續志八卷

子華子

朱子大全集七十一會稽官書板本有子華子

習學記言五十卷嘉定十六年

汪綱跋今徐偉夫攜至一本乃用諸經史子前後排比第聚
爲一書總五十一卷發以序誌子鋟板郡齋

論衡三十卷

右王充論衡三十卷王君是邦人也帳中異書漢儒之所爭覩轉寫既久舛錯滋甚殆有不可讀者以數本俾僚屬參校猶未能盡善也刻之木藏諸蓬萊閣庸見避堂舍蓋之意乾道丁亥五月十八日會稽太守鄱陽洪适景伯書

叅同契分章通眞義三卷明鏡圖訣一卷

直齋書錄解題汪綱會稽所刻本其前題祠部員外郎彭曉蓋據祕閣本云

元氏長慶集六十卷

右元微之集六十卷微之以長慶癸卯鎮越大和己酉召還坐嘯此邦閱六寒暑今種山之喬木數十百章豈亦有甘棠存其間乎横空傑閣蓋一城偉觀扁表所書則其州宅之卒章也微之以文章鼓行當時謂之元和體在越則有詩人入幕府故鏡湖秦望之奇益傳所謂蘭亭絶唱陳跡猶可想唐志著錄有長慶集一百卷小集十卷傳於今者惟閩蜀刻本爲六十卷三館所藏獨有小集其文蓋已雜之六十卷中矣

中略樂天與元公才名相埒樂天守吳財歲餘吳郡屢刊其文
微之留郡許久其書獨闕可乎余來踵後塵蓋相去三百三
十餘年矣乃求而刻之略能讎正脫誤之一二不暇復爲公
次也春成寘之蓬萊閣乾道四年歲在戊子二月二十四日
觀文殿學士左通奉大夫知紹興府兩浙東路安撫使鄱陽
郡公洪适景伯書
容齋五筆唐書藝文志元稹長慶集一百卷小集十卷而傳
於今者惟閩蜀刻本爲六十卷三館所藏獨有小集文惠公
鎮越以其舊治而文集蓋闕乃求而刻之春游一篇云云集
中逸此詩文惠爲列之於集外
每半葉十三行行二十三字
萬首唐人絕句一百一卷
自序合爲百卷刻之蓬萊閣中紹熙元年
越府所刻七言至二十六卷五言至二十卷而奉祠歸鄱陽
惟書不可以不成乃雇婺匠續之于容齋旬月而畢二年十
一月戊辰邁題

右唐人絕句乃內相洪公手自采擇暨守會稽嘗以此刊之郡齋後三十年格獲繼往躅暇日取是書伏而玩之則歲月既久固已漫謬蠹闕多矣因命工修補以永其傳嘉定辛亥孟秋下浣新安吳格謹識

唐人絕句詩凡一百一卷半刻會稽半刻鄱陽嘉定癸未新安汪綱守越遂搨鄱陽本并刻之使合而爲一既畢工始識其末是歲二月既望書於鎮越堂

每半葉十行行二十字

丙宋元雜板

夏小正戴氏傳四卷

吳萊跋夏小正本古書殘缺近會稽傅崧卿頗就大戴禮校讐刊注刻石會稽學宮

遁甲選時圖二卷

直齋書錄解題紹興府所刻本無名氏

論衡三十卷

韓性序王充氏論衡崇文總目三十卷世所傳本或爲二十

七卷史館本與崇文總目同諸本繕寫互有同異宋慶歷中進士楊文昌所定者號稱完善番陽洪公重刻於會稽蓬萊閣下歲月既久文字漫滅不可復讀江南諸道行御史臺經歷克莊公以所藏善本重加校正紹興路總管宋公文瓚爲之補刻而其本復完至元七年

吳越春秋十卷

徐天祐序睼書越舊嘗鋟梓歲久不復存汴梁劉侯來治越獎厲學校蒐遺文修墜典乃出轂義田廩羨財重刻於越大德十年歲在丙午三月音註越六月書成刊板十二月畢工

前文林郎國子監書庫官徐天祐音註　紹興路儒學學錄留堅　紹興路儒學學正陳昺伯　紹興路儒學教授梁相

正議大夫紹興路總管提調學校官劉克昌

每半葉九行行十八字

文章正宗二十卷

劉克莊郡學刊文章正宗跋頃余刻此書於番禺委同方盧

方春輩置局刊誤屬以召去時書猶未成後得其本殆不可讀其後乃有越本亦多誤

剡錄十卷

剡錄十卷錄皆高氏所作凡山川城池版圖官治人傑地靈佛廬仙館詩經畫史草木蟲魚無所不載度此板可支百年後之人毋以印刓而輒廢此書也嘉定八年歲次乙亥縣人鄞人史安之序

大學章句一卷中庸章句一卷論語集註十卷孟子集註十四卷

四書家藏人誦而版行者類多細字不無訛舛今得燕山嘉氏所刻宣城舊本於京師經註等字實便觀讀於是補其殘闕寘諸泳澤書院嘉與學者共之淳祐丙午秋八月識

每半葉八行行十六字注作大字低一格有國初翻刊本案泳澤書院在上虞據萬歷上虞縣志元楊彝書院記乃至正十八年方國珍所立而書跋云淳祐丙午殊不可解案淳祐時燕山書板不能遠至浙東當是至正丙午估人改刻二字

以充宋刊耳

上虞縣五鄉水利本末一卷

劉仁本序鄉之人陳恬裒集古今沿革興復事實以及誌刻左驗公規訟牘鋟梓成帙將垂不朽至正二十二年

甯波府刊板

甲郡齋本

銅壺漏箭制度一卷

今四方無遠近知有四明刻漏者以王金陵之銘也南渡燬於兵火遺跡餘壘無所於考惟蓮花漏者紹興末郡侯韓公仲通之新製也壺表具存銘識如故而挈壺無職則器之垢弊水之塵腐箭之遲速竄無毫釐分寸之差是舉一州之耳目視聽於一日四時之間皆爲守者誤之也余懼焉一日取籌箭試加測驗則昏明之候不啻差一中朔於是洗滌其器易小之中而一新之池壺不移而晨昏以正大小與居之節風雨晦明之候俾皆於是取則而無爽焉仍擇其稍通於歷者謹視以時使有常職庶乎亦足以盡吾之心爾又慮承襲

之久易至舛戾乃取李龍眠刻漏之制併王之銘韓之刻並鋟於梓後之知爲政當於此有攷云淳祐丁未授衣節日郡守龍溪顔頤仲書於進思堂

徐公文集三十卷

騎省徐公文集三十卷天禧中尚書都官員外郎胡君克順編錄刊行且奉表上進　章聖皇帝降詔奬諭參政陳公彭年爲之序引丞相晏元獻公復爲後序騎省在江南有重名仕天朝爲近侍以文翰忠直在當時諸公先既沒丞相趙郡李文正公實誌其墓所以稱述推尊之者甚至距今且二百年英名偉節得以不泯而以爲後學法者緊文集是賴年世夐遠兵火中阸鮮有存者偶得善本使公庫鏤板以傳紹興十九年十一月一日右朝議大夫充敷文閣待制知明州事提舉學事賜紫金魯袋徐琛跋

每半葉十行行十九字

都官文集三十卷

曾子都官以慶歷六年賈□榜登進士第嘉祐四年與錢公

藻同中材識兼茂明於體用科實爲舉首熙甯中知越之山陰縣爲新法行上書極論其害遂貶南康軍酒稅累年竟不仕以歿杞無似憑籍先世遺烈叨繼從班未知兢懼以保門戶先考刪定寶藏都官遺文杞頃爲閩中常平使者嘗刻之板未成而移漕廣右委之僚屬尙多踈舛每以愧恨洎來此邦念都官本以明州觀察推官試大科欲考陳迹則相去百四年不可得知集中有言十五年閒再官於天台四明之二州猶有鄞縣鎭國院記等文存焉因加讐校而闕其不可知者屬郡博士郡從事刊之以廣其傳仰惟我曾祖風節峻厲凜然如生不肖曾孫特有公論不敢贅辭云慶元六年十月望日曾孫大中大奉徽猷閣待制知慶元軍府事兼沿海制置使杞謹書

清眞先生集二十四卷

樓鑰序公嘗守四明而諸孫又寓居於此嘗訪其家集而讀之參以他本閒見手稿又得京本文選與公之曾孫鑄裒爲二十四卷中更兵火散墜已多然足以不朽矣居閒養痾爲

之校讐三數過猶未敢以爲盡方淇水李左丞讀賦上前多以偏旁言之因爲考之羣書略爲音釋闕其未知者以俟博雅之君子非敢自比張載劉逵爲三都之訓詁也鑰先世與公家有事契且嘗受廛焉公之詩文幸不泯沒鑰之願也制使待制陳公政事之餘既刊曾祖賢良都官家集又以清眞之文並傳以慰邦人之思君子謂是舉也加於人數等類非文吏之所能爲

直齋書録解題嘉泰中四明樓鑰始爲之序而太守陳杞刊之蓋其子孫家居於明故也

文選六十卷

右文選板歲久漫滅殆甚紹興二十八年冬十月　直閣趙公來鎭是邦下車之初以儒雅飾吏事首加修正字書爲之一新俾學者開卷免魯魚三豕之訛且欲垂斯文於無窮云右迪功郎明州司法參軍兼監盧欽敬書

每半葉十行行二十二字

乙郡學本

州學書板 寶慶四明志

四明尊堯集一百板

了齋先生親筆二十板 紹定四年教授陳松龍置

通鑑要覽五百五十板

洪範講義四十五板

崔宮教文集四百三十八板

分毫韻略二百四十板 紹定五年制帥尚書程損置

文公大學章句一十八板 紹定五年教授陳松龍置

文公中庸章句一十六板 教授陳松龍置

太極圖解一十七板 同上

西銘解一十二板

近思錄一百八十板

續近思錄一百五十板

己丑廷對二十板

傳習錄一百六十五板

明學編類文公釋奠禮三十三板 以上俱教授陳松龍置

文公小學書二百板淳祐六年制帥集撰龍溪顏公頤仲置
陳忠肅公言行錄三十板
北溪先生字義一百五十板
禮詩二十八板
諭俗編五十二板以上俱制帥集撰顏公頤仲置
四明續志三百三十幅大使吳丞相置
班馬字類二百五十幅制使李相公置
讀書法二百三十板
性理字訓三十板
濂洛論語六十八板制帥集撰劉公黻置
問梅小稿八十板
四明續志四十五板
濟民莊始末四十五板以上俱制帥集撰劉公黻置
丙宋元雜本
四明圖經十二卷乾道五年
黃鼎序制置直閣張公治明之三年政成民和郡以無事乃

分委僚屬因得舊錄更加採摭纂爲七卷又以篇什碑記等爲五卷附於其末鳩工刊木昭示將來

四明志二十一卷

朱子讀書法四卷

張洪序咸淳乙丑洪分教四明齊君適游東浙相與商確是正其書乃成一日袖呈師帥大參西澗先生先生捧誦驚喜助費召匠亟命鋟梓與學者共之咸淳丙寅

本草單方

梁谿漫志八本草單方近已刻於四明

書集傳六卷

常熟瞿氏藏元刊本重刊明本書集傳六卷蓋出宋明州本

大字毛詩四卷

常熟瞿氏藏元刊本詳音句讀明本大字毛詩四卷蓋出宋明州本

排字九經直音二卷

歸安陸氏藏元刊本明本排字九經直音二卷蓋出宋明州

本

龍龕手鑑四卷

每半葉十行行字大小相錯板心所著刻工姓名如徐彥朱禮與紹興十九年明州所刊徐公文集同蓋同時明州刻本也

後山集

直齋書錄解題魏衍序言受其所遺甲乙丙稿詩曰五七文曰千百今四明本如此

九經

延祐四明志本路儒學九經書板計壹阡壹伯陸片（不全）

月令解十二卷

至正四明續志計板九十片右侍郎張虙著至元六年刊

汲冢周書十卷

四明黃玠跋郡太守劉公廷榦好古尤至出先世所藏命刻板學宮（至正甲午）

四明郡志二十一卷

至正四明續志右宋寶慶間郡守胡榘修今重刊
王元恭四明續志序郡人侍講袁公桷作爲新志又廿有二
年會部使者瞻思父巡行至郡俾重刊舊志與新書並傳

四明郡志二十卷
至正四明續志右翰林侍講袁桷修至元六年刊

四明續志十二卷
至正元年序

讀書分年日程二卷
至正四明續志計板九十片右程端禮用朱文公讀書法爲
之板留程氏家塾
每半葉九行行廿二字板式與玉海同

困學紀聞二十卷
孫厚孫盌孫校正慶元路儒學正胡禾監刊
右厚齋王先生困學紀聞二十卷先生諱應麟字伯厚自號
深寧叟曰厚齋云著鄉人門弟子尊敬之者爲之也先生平
日多著述是編於經傳子史各有考據評證於後學足益見

聞得鋟諸梓則其益博其傳遠工費浩事未得遂泰定二年冬十月浙東道憲司官行部莅止肅訪之暇詢及是書謂未有刊本爲學校欠事翰林學士袁先生亦專舉明謂宜傳遠惠後學於是具詞申請之於總府轉達於憲司宣慰司都元帥府咸是所請乃鳩工度費於學儲給爲工食之粟則翰林學士袁先生倡助之本學官及岱山長共助以足其用凡書者刊者董者觀者莫不以是編得傳爲大喜翕然集事嗟夫王先生所爲書久不有所遇一旦得鋟諸梓王先生之志得以遂此蓋遇鑒識之明主張之力作成之功而然也刊書成謹識卷末俾觀是書而有得者知所自云泰定二年十二月癸卯慶元路儒學教授吳郡陸晉之叙

至正四明續志困學紀聞二十卷計板二百三十一片

每半葉十行行十九字

玉海二百四卷　詩攷一卷

漢藝文志考十卷　詩地理考十卷

通鑑地理考釋十四卷　補註周書王會一卷

漢制考四卷　集解踐阼篇一卷
急就篇補註四卷　小學紺珠十卷
姓氏急就篇二卷　六經天文編二卷
周易鄭康成注一卷　通鑑荅問五卷

皇帝聖旨裏浙東道宣慰使司都元帥府照得至順三年十一月十二日准國子監牒據國子學呈准博士趙承德關切見故宋尚書王厚齋著書一部名曰玉海纂輯百家博綜衆理用功精深有補後學雖嘗傳錄於世至今未曾刊行如令所屬學院於學糧內置備筆札就於其家眞謹抄錄發來以憑施行准此下慶元路依上抄錄解赴國子監收管外至順四年十月二十六日據本道經歷司呈備准都事牟承事關竊見慶元路鄉先生厚齋王公諱應麟以進士詞科仕宋至翰林學士禮部尚書公篤學彊記博極羣書立言持行爲當時儒臣之冠平生著作幾二十種皆有功於後學俱未刊行至於玉海一書尤爲妙絶其門類之詳密則上至天文律歷下至禮樂器用凡二百四十餘類其□紀歷代則始於伏羲

堯舜終於宋之末年其摭集之書籍則自六經衆史百家子集注疏傳記譜諜藝術隱𧦝之書靡有子遺纂次詳備博而有要眞足爲名世之奇書但自公歿之後其家族黨分爭書遂遺缺搢紳韋布遞相抄錄雖多寡不同俱非全書當職游宦四明詢訪文獻故家得公之孫厚孫延致家塾俾敎二子因獲盡取公之著述悉心討論訪求遺逸玉海遂見全帙考討銓次粲然大備適當

聖朝文治之盛倘得板行傳遠貧禮官之敷陳惠士子之考索豈不韙與若准備呈移牒憲司主領成就選官提調庶幾易於辦集具呈照詳得此又據慶元路申備儒學申准前翰林國史院編修官程從仕牒切見宋尚書厚齋王先生著述玉海困學紀聞等書凡三十種皆有功於學者其玉海一書二百卷凡文獻典故制度名物見於經史子集傳注百家悉加蒐輯成編鈎元摘要殆無遺者可謂天下古今希有之奇書上可備

朝廷禮官之討論下可資學校士子之考索若不刊行深恐湮沒有負

國家興崇文敎之美意准此照得本學刊造四書精要文獻通考姚

牧庵文集等項書板合支錢鈔俱奉　省府劄付於各路學
院錢糧內均派支撥參詳玉海一書誠可嘉惠後學如准所
言備申上司分派各處學院計料刊板印布相應備申照詳
得此本道參詳故宋厚齋王尚書所編玉海淵博浩瀚誠爲
一代奇書如准刊行上可以黼黻　皇猷下可以嘉惠後學
爲此移牒本道肅政廉訪司并分司照驗施行又元統二年
二月初七日准憲司分司牒看詳所言玉海書籍如委淵深
該博有益後學請依上施行准此行下慶元路依上施行三
月初九日又准本道肅政廉訪司牒該來牒前事當司議得
刊行是書嘉惠後學誠爲善事請依例施行准此再下慶元
路依准憲司牒文事理刊行施行五月二十八日據慶元路
申該行據本路儒學申上項玉海會計得合用梨板工食等
該鈔柒伯陸拾參錠陸兩伍分爲數不少若不依照姚牧庵
文集等項書板於各路學院贍學錢粮內分派支撥豈能獨
就倘失於刊行印布非惟有誤啟發後學抑且虛負憲司嘉
惠之美意如蒙備申上司照例分派各路學院支撥庶可成

就誠非小補除已委請鉛山路儒學教授程敬叔厚齋先生
孫王叔載訓導朱景陸等校正對讀外開到各各料物鈔數
申乞照詳得此爲是玉海一書古今罕有如准慶元路所申
照依姚牧庵文集高下分派各路學院錢糧內分派足撥誠
爲易辦庶得刊行移牒本道肅政廉訪司照驗施行八月十
八日回准憲司牒看詳放支錢糧係有司合行事理請依例
施行准此議得玉海文光累代事溢目前有惠後學誠爲美
事憲司既許刊行有司當爲贊助爲此行下慶元等七路依
准憲司牒文事理依例施行具呈　省府照驗外今來照得
厚齋王先生以六經衆史諸子百家集成一代之典名曰玉
海國學首舉印正憲司已准刊行所用工料鈔數已嘗分派
慶元等七路學院贊助因循至今不見解納以致上項文籍
經今四年尚未完就擬合委官提調催督庶易畢集今將慶
元路元申計到合用物料工價及本道元派各路鈔數開行
下紹興等路行移提調學校官督責所屬卽將元派鈔數著
緊催納齊足差人解司劄付委自慶元路總管張正議知事

陳遵將仕各不妨本職敦請博通經典熟知古今老師宿儒
校正對讀無差興工刊行仍下慶元路依上施行咨請
本道宣慰使都元帥也乞里不花資德宣慰副使僉都元帥
府事郭朝散提調委自都事張承務令史王良知督併校正
刊行外合行具呈者

至元三年十一月　日令史王良知

武維周　劉榮

朱貴　蔡彬

經歷司典吏馮天祐

浙東道宣慰使司都元帥府照磨兼管句承發架閣庫阮謙

承德郎浙東道宣慰使司都元帥府都事李澤

承務郎浙東道宣慰使司都元帥府都事相彌

承德郎浙東道宣慰使司都元帥府經歷李忽都荅兒

副　使

朝散大夫浙東道宣慰副使僉都元帥府事郭德誠

太中大夫同知浙東道宣慰使司事副都元帥忽剌忽兒

資善大夫浙東道宣慰使司都元帥安童
資政大夫浙東道宣慰使司都元帥鎖南瓘
資德大夫浙東道宣慰使司都元帥也乞里不花

玉海者公習博學宏詞科編類之書也是科擬題爲文專務强記雖小而月日名數不可遺闕惟衰世事變不以命題此書事類該博援據淵洽非但施于科目而已公甚愛玩且謂未脫稿難以示學者故藏于家後爲人竊去先人白之憲司書得復歸而散軼頗多鈔錄者又復訛舛懼無以承先志於是裒輯緒次成卷如右公著書大小三十餘種此以失而復得名光著于時浙東都司牟公始建議板行今元帥資德公至即命刊布又刊詩攷詩地理考漢藝文志攷通鑑地理通釋集解踐阼篇補註急就篇王會篇漢制攷小學紺珠姓氏篇六經天文編康成易注通鑑荅問諸書厚孫等承命校勘惟謹而董役者弗爲修改遺誤具在觀者審焉至元六年庚辰四月一日孫厚孫百拜謹識

至正四明續志困學紀聞二十卷計板二百三十一片玉海

二百四卷計板四千七百七十四片詩攷四卷計板三十一片詩地理攷六卷計板七十六片集解踐阼篇計板七片補注周書王會計板二十三片通鑑地理通釋十四卷計板一百九十六片漢藝文志攷證十卷計板一百一片補註急就篇四卷計板八十九片小學紺珠十卷計板一百二十片六經天文編二卷計板七十二片漢制攷四卷計板五十四片姓氏急就篇二卷計板五十四片通鑑荅問五卷計板九十一片右十四種深甯先生王公應麟所著困學紀聞係泰定二年廉訪僉事孫楫命刊玉海等書先是浙東都事牟應復建議板行至元五年都元帥也乞里不花命刊

每半葉十行行二十字明初板入南監

讀書叢說六卷

詩集傳名物考八卷

讀四書叢說十二卷

張樞序至正六年門人南臺監察御史野白普花帖睦爾與其僚大梁楊公惠移浙東廉訪使鋟板以傳於是先生所著

詩名物鈔八篇四書叢說十二篇與讀書叢說皆刊行

漢雋十卷

楊王休跋今以善本鋟木儲之縣庠且藉工墨贏餘爲養士之助（淳熙十年）

象山縣學漢雋每部二册見賣錢六百文足印造用紙一百六十幅碧紙二幅賃板錢一百文足工墨裝背錢一百六十文足　從事郎知明州象山縣主管勸農公事兼主管王泉鹽場蔣鶚　迪功郎明州象山縣主簿徐晟　鄉貢免解進士縣學長章鎔校正　鄉貢進士門生樊三英校正

絜齋家塾書鈔十二卷

袁甫跋甫自幼洎長侍先君側平旦集諸生及諸子危坐說書夜再講率至二鼓無倦容是編爲伯兄手鈔雖非全書然發揮本心大旨具在伯兄名喬天資純正用功勤篤嘗宰溧陽視民猶子邑人德之惜未盡行所學耳甫悼先君子之沒幸伯兄之有傳今又云亡痛曷有已遂刻是編名曰絜齋家塾書鈔而納諸象山書院以與世學者共之（紹定四年）

昌國州圖志七卷

照驗所在路州縣府皆有圖經獨本州未曾有作兼舊縣志板亦無存其民戶所藏之本已兩次蒙上司搜訪去訖近本州判官廣行物色牒發到一本亦將腐壞若不敦請本州耆儒因此重行編撰遂成闕典除指揮吏房將合照用文卷應副及官吏各裒清俸召募工匠刊外須至疏請即望諸儒早行撰述此疏　大德二年七月日登仕佐郎昌國州判官馮福京敦武校尉同知昌國州事張世榮武略將軍昌國州知州趙伯元武略將軍昌國州達魯花赤阿魯吏目劉倂祖疏州學前直學許佺　平江路嘉定州儒學小學教諭應秀方等書寫　州學直學黃介然　前恩免進士州學應天定前從事郎州州學訓導官孫唐卿等點

昌國州圖志板五十六片　雙面五十四單面二計印紙一百零十副永爲昌國州官物相沿交割者大德二年十一月長至日畢工

禪林僧寶傳三十卷

戴良序禪林僧寶傳者宋宣和初新昌覺範禪師之所譔次也覺範嘗讀唐宋高僧傳以道宣贊寧文陋而識暗其於爲書往往如戶婚按檢不可屬讀乃慨然有志於論述凡經行諸方見夫博大秀傑之衲能袒肩以荷大法者必手錄而藏之後居湘西之谷山遂盡發所藏依仿司馬遷史傳各爲贊辭合八十有一人分爲三十卷而題以今名亦既鋟梓以傳積有歲月二十年來南北兵興在在焚燬是書之存十不一二南宗定公時住大慈名刹慨念末學晚輩不見至道以大全古人之大體因取其書重刊而廣布之

案戴序見遊鄞集中大慈山亦慶元名刹宋史丞相家功德院也

台州刊板

石林奏議十五卷

叔祖左丞蚤以文學被遇三朝旋自禁塗寖登二府其獻納論思造前陳□□□□□之當時載在國史□□□□□□□使中外□□□□□□無不言□□□□□□□□□□

□□□□□建□□□□□□□□□□□□□□□□□
守禦□□□□□畫朝□□□□□□□□□報靡□□□
□□□嘗以遺槀□□□□□□目曰石□□□□□□頹
多總集不載往往□見者爲之興嘆因鋟木天台郡□□廣
其傳開禧丙寅六月既望姪孫朝奉大夫攺差權知台州軍
州兼管內勸農事借紫籛謹書
每半葉十行行二十五字

嘉定赤城志四十卷
嘉定十六年序

荀子二十卷

楊子法言十三卷

中說十卷

昌黎先生四十卷外集十卷
唐仲友荀子跋荀子二十卷三十二篇唐楊倞注初漢劉向
校讐中孫卿書凡三百二十一篇除復重定著三十二篇爲
孫卿新書十二卷至倞分易卷第更名荀子皇朝熙寧初儒

官校上詔國子監刊印頒行之中興蒐補遺逸監書寖具獨荀子猶闕學者不見舊書傳習閩本文字舛異仲友於三館睹舊文大懼湮沒訪得善本假守餘隙乃以公帑鋟木悉視熙寧之故（下略）大宋淳熙八年歲在辛丑十有一月甲申朝請郎權發遣台州軍州事唐仲友後序

朱子案唐仲友第六狀并唐仲友開雕荀揚韓王四子印板共印現成裝了六百六部節次徑納書院每部一十五册

困學紀聞今監本荀子乃唐與政台州所刻熙寧舊本

顏氏家訓七卷考證一卷

沈揆跋揆家有閩本嘗苦篇中字譌難讀顧無善本可讎比去年春來守天台郡得故參知政事謝公家藏舊蜀本行間朱墨細字多所竄定則其子景思手校也迺與郡丞樓大防取兩家本讀之大抵閩本尤謬於是稍加刊正多采謝氏書定著爲可傳又別列考證二十有三條爲一卷附於左（淳熙七年）

鄉貢進士州學正林憲同校

迪功郎司戶參軍趙善惪監刊

二十八

從事郎特添差軍事推官錢慶祖
從事郎軍事推官王棏
承直郎軍事判官崔嵩
迪功郎州學教授史昌祖同校
承議郎添差通判軍州事樓鑰
朝請郎通判軍州事管鈗
朝奉郎權知台州軍州事沈揆
每半葉九行行十八字

獨斷二卷

直齋書錄解題獨斷二卷舒台二郡皆有刻本

昌黎先生文集四十卷外集十卷

朱子跋方季申所校韓文又季申所謂謝本則紹興甲戌乙亥之閒予官溫陵謝公弟如晦之子景英爲舶司屬官嘗於其几閒見之蓋用天台印本剪裂粘綴依陳後山本別爲次序而卷首欵以建炎奉使之印

淨覺十諫書二冊

台州白蓮比丘宗䀆將鬻教乘息錢開板流通　丹丘王庸刊十諫書後

端平乙未台州白蓮比丘宗䀆將鬻教乘息錢重新開板流通解謗及扶宗記後

比丘宗䀆贖乘息錢開板雲謗書及折難書後

王庸刊止疑書後

三隱詩集一卷

朱文公與南老帖寒山詩彼中有好本否如未有能爲讎校刊刻令字畫稍大便於觀覽亦佳也

又寒山詩已刻成幸早見寄有便只附至臨安趙節推廳託其尋便必無不達渠黃巖人也

此淳熙十六年天台國淸寺僧志南刊有序

後典麗賦四十卷

直齋書錄解題金華唐仲友與政編仲友以辭賦稱於時此集自唐末以及本朝名公所作皆在焉止於紹興間先有王戊集宋志作王戊典麗賦九十三卷故此名後典麗賦王氏集未見

朱子按唐仲友第三狀一仲友自到任以來關集刊字工匠在小廳側雕小字賦集每集二千道刊板既成般運歸本家書坊貨賣其第一次所刊賦板印賣將漫令又關集工匠又刊凡材料口食紙墨之類並是支破官錢

又第六狀又至兩日蔣輝見金婆婆同三六宣教入來將梨木板一十片雙面并後典麗賦樣第一卷二十紙

天台集二卷別編一卷續集三卷

直齋書錄解題初李庚子長集本朝人詩爲二卷未行太守得之又得郡士林師蔵所輯前代之作爲賦二詩二百乃以本朝人詩爲續集而併刻焉別編則師蔵之子表民所補也

赤城集十八卷

吳子良序初康吉林君詠道類天台集子逢吉續之而詩之屬天台者無遺矣篔窗陳公壽老修赤城志逢吉又續之而事之屬天台者無遺矣獨記序書傳銘誄贊頌之文天台集不暇載赤城志載不盡者逢吉復分門會粹并詩爲一號赤城集凡若干卷而前後太守丁侯𤥨沈侯塈爲鋟之梓淳祐八年

無垢先生橫浦心傳錄三卷橫浦日新一卷

黄岩丞刁駿序予負丞黄山而同舍于忠甫昆季隱居方岩寔先生之甥予職事出郊因訪其廬忠甫以所集示予因出俸貲且率同志相與協力命工鏤板置之縣庠

資治通鑑音注二百九十四卷通鑑釋文辨誤十二卷

每半葉十行行二十字近人謂之興文署本以鄱陽胡氏覆刊本首有王磐序（元本亦閒有之）謂興文署刊諸書以資治通鑑爲始云云

案興文署之立未知何年然祕書監志言至元十年十一月初七日太保大司農奏過事內一件興文署掌雕印文書交屬祕書監呵是至元十年已有興文署而是年署中已有雕字匠花名四十名印匠一十六名則刊刻通鑑當在是時而胡梅磵通鑑注成於至元二十二年王磐致仕亦在至元二十一年以前且王氏序中無一語及於梅磵則興文署所刊王氏所序自爲温公原書非胡注也又梅磵自序初撰通鑑廣註九十七卷本用陸氏經典釋文例與本書別行丙子避

地越之新昌失其書亂定反室復購得佗本爲之注始以攷異及所註者散入通鑑各文之下案丙子卽宋亡之歲梅磵丙子後所購得之他本蓋卽與文署本卽註于是本之上後來刊註時遂幷王磐序刊之實則與胡注無與也明黃溥簡籍遺聞謂是書刊於臨海洪武初取其板入國子監此與樂平州刊文獻通考慶元路刊玉海事同亦當在梅磵身後矣

嚴州府刊板

新定續志郡有經史詩文方書凡八十種今志其目

六經正文

語孟正文

櫟齋禮記集說

紹定辛卯歲湜備員江東漕筦大資政趙公善湘以制帥攝漕事見余集說欣然捐資鋟木以廣其傳次年秋予秩滿而歸迨嘉熙己亥首尾閱九載矣中雖倅金陵叨綸院僅食一年之祿餘悉里居需次因得徜徉於書林藝圃披閱舊帙搜訪新聞遇有可采隨筆添入視前所刊增十之三間亦刪去

重複堨來嚴瀨適繼郡計空竭之後廉勤自力補苴培植粗
可支吾乃撙節浮費別刊此本期與學者共之
一百六十卷前上海郁氏有宋刊本
玉藻講義
通鑑紀事本末
待省進士州學直學兼釣臺書院講書胡自得掌工承直郎
差充嚴州州學教授章士元董局
章大醇跋是書刊於淳熙乙未修於端平甲午重修於淳祐
丙午
玉海淳熙三年參政龔茂良言袁樞所編紀事有益見聞詔
嚴州摹印十部仍先以繕本上之
每半葉十三行行二十六字
南史八十卷
陸游世說新語跋郡中舊有南史劉賓客集板皆廢於火世
說新語亦不復在游到官始重刻之（淳熙戊申）
唐鑑二十卷

周子太極通書太極圖說一卷通書一卷

胡氏春秋傳三十卷

胡氏春秋傳通旨一卷

春秋後傳

春秋後傳補遺

直齋書錄解題春秋後傳二十卷補遺一卷陸佃撰補遺者其子宰所作也宰字元鈞游之父

案此二書蓋放翁父子守嚴時所刊

尚書說命講義三卷

尚書無逸講義

郡齋讀書志顏吳范司馬無逸說命解三卷右皇朝吳安詩范祖禹司馬康侍講筵顏復說書崇政殿時所進講說也

謝先生論語

直齋書錄解題謝氏論語解十卷上蔡謝良佐顯道撰

爾雅義

直齋書錄解題爾雅新義二十卷陸佃撰頃在南城傳寫凡

十八卷其曾孫子遹刻於嚴州爲二十卷

近思錄知郡華文錢寺丞任內刊十四卷

近思續錄同上

趙希弁讀書附志續近思錄十四卷右寶慶丁亥蔡模纂晦庵先生之語以續之

案直寶章閣錢可則以景定元年六月十八日知嚴州二年十二月陞直華文閣三年四月八日徙知嘉興府

橫渠集

宋史藝文志張載集十卷郡齋讀書志張橫渠崇文集十卷

朱文公家禮宋志陳錄皆一卷景宋本十卷四庫本五卷附一卷

朱文公小學書四卷

南軒先生文集朱子所定者四十四卷宋志四十八卷陳錄三十卷

融堂四書管見知郡華文錢寺丞任內刊

張萱內閣書目融堂四書管見十卷宋理宗朝錢時注解論語學庸附以古孝經爲四書

千頃堂書目十三卷瞿氏藏鈔本十三卷有景定辛酉天台

錢可則䟦

師友問荅

鶡冠子

直齋書錄解題鶡冠子三卷陸佃解

鬻子

直齋書錄解題漢鬻子一卷漢志凡二十二篇今本十五篇

陸佃農師所校

案此二書皆陸農師校注當是其曾孫子遹知嚴州時所刊

程氏遺書二十五卷

己易

直齋書錄解題己易一卷楊簡撰

世說

右說世三十六篇世所傳釐爲十卷或作四十五篇而末卷但重出前九卷中所載余家舊藏蓋得之王原叔家後得晏元獻公手自校本盡去重復其注亦小加翦截最爲善本晉人雅尙淸談唐初史臣修書雅意竄定多非舊語尙賴此書

以傳後世然字有訛舛語有難解以它書證之間有可是正處而注亦比晏本時爲增損至於所疑亦不敢妄下雌黄姑亦傳疑以俟通博紹興八年夏四月癸亥廣川董棻題

郡中舊有南史劉賓客集版皆廢於火世說亦不復在游到官始重刻之以存故事世說最後成因併識于卷末淳熙戊申重五日新定郡守笠澤陸游書

三卷每卷分上下每半葉十行行二十字

新定志

直齋書錄解題新定志八卷郡守東平董棻令升撰紹興己未也淳熙甲辰武義陳公亮重修

今存前三卷題嚴州重修圖經每半葉十行行二十字

新定續志知郡華文錢寺丞任內刊

十卷每半葉八行行十八字此書刊於景定中而守令姓名補至咸淳八年止

嚴陵集九卷

嚴陵別集

釣臺詩
釣臺續集
釣臺別集
直齋書錄解題釣臺新集六卷續集十卷郡人王𦩀撰續者郡守謝德輿子上也
皇甫集
此即皇甫持正集六卷放翁渭南文集曾三跋此集亦放翁父子守嚴時所刊與
大字劉賓客集
日本京都崇蘭館藏大字本文集三十卷外集十卷每半葉十行行十八字殆即嚴州所刊此淳熙戊申陸放翁守嚴時重刊見放翁世說跋
咸平集五十一卷
陶山集
直齋書錄解題陶山集二十卷尚書左丞山陰陸佃農師撰案此書殆亦其曾孫子遹所刊

徂徠集二十卷

趙希弁讀書附志徂徠集二十卷陸子遹刊於新定

定齋顔公文集

劍南詩

劍南續藁

直齋書錄解題劍南詩藁二十卷續藁六十七卷陸游務觀撰初爲嚴州刻前集稿止淳熙丁未自戊申以及其終當嘉定庚午二十餘年爲詩益多其幼子子遹復守嚴州重刻之

江諫議奏議

陸游釣臺江公奏議跋某乾道庚寅夏得此書於臨安後十有七年蒙恩守桐廬訪其家復得三表及贈告墓誌因幷刻之以致平生尊仰之意淳熙十三年十一月十有六日笠澤陸某書

閫範

直齋書錄解題閫範十卷呂祖謙撰集經史子傳發明人倫之道見於父子兄弟之間者爲一篇時教授嚴州張南軒守

郡實爲之序
詹乂民歐公本末跋觀史類編其門有六曩南軒先生既刊
閫範於鄉郡（乂民嚴陵人故云）今所刊者止五門云
關化書
洛陽名園記一卷
開元天寶遺事二卷
此書所載明皇時事最詳至一話言一行事後之所引大抵
出於此書者多矣紹定戊子刊之桐江學宮山陰陸子遹書
聖政草
直齋書錄解題高宗聖政草一卷陸游在隆興初奉詔修高
政聖政草創凡例多出其手未成而去私篋不敢留稿他日
追記得此而書其後凡二十條
老學庵筆記十卷
老學庵筆記先太史淳熙紹熙間所著也紹定戊子刻之桐
江郡庠幼子奉議郎權知嚴州軍州事兼管內勸農事子遹
謹書

鄉飲酒紀事

竇氏連珠五卷

省事老人集

陳宋集

案此疑陳子昂宋之問二集

西崑酬唱集二卷

唐御覽詩一卷

此書有放翁二跋乃放翁校本當是陸子遹守嚴時所刊

鉅鹿東觀集十卷

潘逍遙集

子遹竊惟此邦以嚴名州爲子陵也以桐廬名郡爲桐君也二君之所立可以廉貪立懦有不容稱贊者皇朝所以作風俗亦未嘗不在是方剷平僭僞平定戎虜告成岱宗時則有若潘先生閬楊先生朴魏先生野以高節簡知聖心師表一世而句法清古語帶烟霞近時罕及妄意以爲可襲二公之風謹刻梓於郡齋以與有志世道者共之紹定之元冬十一

月辛未山陰陸子遹書

直齋書錄解題逍遙集嚴陵刊少卷末二首

東里詩

直齋書錄解題東里楊聘君集一卷處士鄭圃楊朴契元撰

太宗嘗召對拜郎中不受以其子爲長水尉

案陸子遹逍遙集跋此書與鉅鹿東觀集皆子遹所刊

千巖集

直齋書錄解題千巖擇稿七卷外編三卷續編四卷知峽州

蕭德藻東夫撰

淸眞詩餘

直齋書錄解題淸眞詞二卷續集一卷

復齋易說六卷

余聞復齋先生趙公之言久矣假守嚴陵旣逾年公之門人喻仲可始攜其所著易說六卷見過余肅觀之其體察也精其推研也審其措辭不苟其析理不浮蓋深窺乎爻象之變而洞達乎陽陰之情者也嗚呼如公之賢而無後余懼其久

而或泯因屬喻君校勘刊置公之祠堂與志學者共之併以公之行實大槪刊附於後俾來者有攷焉嘉定辛巳六月望莆陽許興裔謹識

儀禮注十七卷

張淳儀禮識誤序此書初刊於周廣順之三年復校於顯德之六年本朝因之所謂監本者也而後在京則有巾箱本在杭則有細字本渡江以來嚴人取巾箱本刻之雖咸有得失視後來者爲善此皆淳之所見者也淳首得嚴本故以爲據云云

案前吳門黃氏藏宋刊本每半葉十四行行大二十四字小三十一字其字往往與儀禮識誤所引嚴本合世卽以是爲嚴州本

七里先生自然庵詩

直齋書錄解題七里先生自然集七卷江端友子我撰休復鄰幾之孫

清眞集

宋志十一卷四明所刊二十四卷

順庵集

史氏指南方

直齋書録解題指南方一卷蜀人史堪載之撰凡三十一門各有論

史載之方

二卷歸安陸氏有宋刊本半葉十一行行十七字

衞濟方

直齋書録解題衞濟寶書一卷稱東軒居士不著名字治癰疽方

本事方二卷

二典義

直齋書録解題二典義一卷尚書左丞山陰陸佃農師撰

案此疑亦陸子遹所刊

產寶方

直齋書録解題產寶諸方一卷不著名字集諸家方以十二

產圖冠之

桐江集六十五卷

戴表元桐江續集序放翁晚起家得嚴州爲詩幾千首翁去而州人愛其詩版傳之于今使君垂老亦守嚴多爲詩州人爲刻其桐江集六十五卷

金華刊板

周易程氏傳六卷

伊川先生遺言見於世者獨易傳爲成書傳摹浸舛失其本眞學者病之祖謙舊所藏本出尹和靖先生家標註皆和靖親筆近復得朱熹元晦所訂讐校精甚遂合尹氏朱氏書與一二同志參合其同異兩存之以待知者旣又從小學家是正其文字雖未敢謂無遺恨視諸本亦或庶幾焉會稽周女能堯夫鄮山樓鍔景山方職教東陽迺取刊諸學宮乾道五年十月既望東萊呂祖謙謹書

景定建康志書籍有婺本周易程氏傳

柳貫書婺本易程氏傳後易程氏傳板本惟婺學舊刻經東

萊成公校定最爲完善
周易義海撮要十卷
景定建康志書籍有婺本周易義海
尚書正文
景定建康志書籍有婺本尚書正文
尚書孔氏傳十三卷
常熟瞿氏藏婺本點校重言重意互註尚書十三卷乃自婺
本出者
呂氏家塾讀書記
見後歐公本末下
林之奇尚書全解
孫畊後序書解自麻沙初刻繼而婺女及蜀中皆有本
毛詩正文　毛詩二十卷
周禮正文　周禮注十二卷
景定建康志書籍右四種均有婺本
周禮注十二卷

每半葉十三行行大二十六七字小三十五六字有婺州市
門巷唐宅刊八字

禮記正文

景定建康志書籍有婺本禮記正文

禮記注二十卷

每半葉十行行大二十至二十四字小二十八字有婺州義
烏縣蔣宅崇知齋刊一行

春秋正義三十六卷

内閣圖書目錄唐孔穎達春秋正義凡三十六卷婺州刊板

左傳類編

見後歐公本末下

論孟集註考證十卷

皇帝聖旨裏婺州路總管府經歷司至元三年四月初十日
抄錄到浙東海右道肅政廉訪司經歷司案驗該准經歷張
登仕牒營謂誦孔孟之微言曷窮其義稽程朱之集傳當究
厥初切見金華名儒許謙師席仁山先生金履祥著述論孟

考證各一部傳于高第原其所學始從魯齋王文憲而登北山何文定之門實出勉齋黄文肅以傳晦庵朱文公之學發明洙泗之統緒講求伊洛之淵源茲欲勉勵後人可不發揚先哲如將仁山先生論孟攷證行移有司借工鋟梓誠爲有裨世教牒請照驗施行准此仰抄案呈路將見存論孟攷證付本路儒學繕寫鋟梓以淑後人先具依准呈司蒙此合行具呈本路總管府照驗施行須至呈者至元三年四月初十日

正議大夫婺州路總管內勸農事　管者思監

承務郎婺州路總管府經歷王思齊婺州路總管府照磨程琪監刊路吏余傳承行路吏金玉繕寫汪觀

李桓序浙東憲司經歷張公獲其書於許君覽而善之以爲婺學者先生之鄉校也既嘗刻其通鑑前編因以畀郡侯管者思監使幷刻之侯乃率其佳屬割俸貲以共費不足則繼之以學廪之贏越三月而板成（至元三年）

切韻指掌圖二卷

司馬□跋右先文正公切韻指掌圖近印本于婺之麗澤書
院紹定庚寅

通鑑前編十八卷舉要三卷

門人御史臺都事汝南郭炯校正門人金華許謙校正
李桓論孟考證序婺學者先生之鄉校也既嘗刻其通鑑前
編之書矣
此有天歷元年許謙序每半葉十行行二十二字

觀史類編　歐公本末四卷

嚴陵詹乂民跋歲在庚午辛未丞郡於婺始獲端拜先生遺
象於祠下退與先生之猶子巽伯語因敂巽伯曰先生著書
亦有倘藏諸家者乎巽伯因略舉其目曰讀書記曰觀史類
編曰歐公本末曰左氏類編適是歲大比乂民董事試闈郡
循故事有餽乂職守有例所當得而義不敢私者悉銖寸儲
之迨及終更因舉所積刊四書以廣先生垂惠後學之意於
其成也附致數語而歸其板于祠
每葉十八行行十八字

浦陽人物記二卷

戴良序浦陽人物記一書監縣廉侯到官之初年始請縣人宋景濂氏撰成之記凡二卷分爲五類合二十有九人廉侯將刻梓以傳而俾良爲之序

義烏志七卷

黃溍序今縣大夫操約馭詳事無不理爰以暇日詢山川形勢地之所生語言土俗博古久遠之事得元豐咸淳二書屬溍重加銓次以傳溍衰朽荒蕪無能爲役乃俾王生禕宋生濂合二書而參之郡乘刪其冗繁訂其舛誤法當補書則引類相从而增入之附以辨證釐爲七卷仍以圖冠於卷首溍旣辱視其成因爲之序會兩生並赴秋闈遂俾傳生藻相與校正歸於執事者而刻焉見大夫達魯花赤儒林郎亦璘眞畏兀兒人尹承直郎周思泰許州襄城人

呂氏童蒙訓三卷

樓昉序昉客授金華太守邱公先生語次及此書將求善本刊之學宮或太史祠中使流布於世昉因從臾成之曰書出

於呂氏刻於祠堂宜也會公有民曹乃出錢五萬以從初約呂兄巽伯喬年家所藏本最爲精密前此長沙郡龍溪學皆嘗鋟木而訛舛特甚巽伯又是正而刊之庶幾可以傳矣（嘉定乙亥）

梅花喜神譜一卷

景定辛酉金華雙桂堂重鋟

容齋隨筆十六卷

續筆自序是書先已成十六卷淳熙十四年八月在禁林日入侍至尊壽皇聖帝淸閒之燕聖語忽云近見甚齋隨筆邁竦而對曰是臣所著容齋隨筆無足采者上曰煞有好議論邁起謝退而詢之乃婺女所刻賈人販鬻于書坊中中貴人買以入遂塵乙覽

禪月集二十五卷

時嘉熙四年五月十五日婺州蘭溪縣兜率禪寺住持賜紫禪悟大師可燦重刊

每半葉十三行行二十字

嘉祐新集十六卷

紹興十七年四月晦日婺州州學雕教授沈裴校

東萊呂太史文集十五卷别集十六卷外集五卷附録三卷附録拾遺一卷

此宋時婺州祠堂刊本明初取入南監每半葉十行行二十字

龍川文集四十卷外集四卷

葉適書龍川集後余既爲同甫序龍川文而太守邱侯貞長刻於州學教授侯君畝推官趙君崇嵓皆佐其役費同甫雖以上一人賜第不及至官而卒於是二十年矣遺藁未輯愈久將墜貞長不惟收卹舊故存其家聲可以託生死厲薄俗至於趯然以其文字廢興任爲己事僚友一時志同義合相與扶立俊豪魁特之緒使流風餘論猶能表見於後人蓋知古太守職業者也同甫集有春秋屬辭三卷放今世經義破題乃昔人連珠急就之比而寄意尤深遠又有長短句四卷每一章輒自歎曰平生經濟之懷略已陳矣余所謂微言多此類也

黄文獻公集二十三卷
宋濂序先生薨後之五年家藏日損齋稿共二十五卷縣大
夫胡君惟信恐其沒亟取□梓以傳
淵潁吳先生集十二卷
金華後學宋璲謄寫
柳待制文集二十卷
余闕序余在秋官時始識先生嘗一再與之論文甚懽比以
公事過其家問其子孫得其遺文凡若干篇因使先生弟子
宋濂戴良彙次之將畀監縣廉君刻之浦江學宮至正十年
古文苑九卷
直齋書錄解題不知何人集皆漢以來遺文史傳及文選所
無者世傳孫洙巨源於佛寺經龕中得之唐人所藏也韓无
咎類次爲九卷刻之婺州
三蘇文粹七十卷
婺州東陽縣胡倉王宅桂堂刊行
每半葉十九行行二十六字

甘棠集二卷

戴良序北庭廉侯來長婺之浦江浦江之民咸愛戴之如父母三年政成治任將歸而黃童白叟涕泣以遮留者動千百計已而侯之去志浩不可挽則推夫吾黨之工乎詩者作爲聲詩以詠歌之於是篇章之富凡若干首縣之好事君子遂擇其尤者編而爲集以吾民之思侯無異於召南之思召公故名其集曰甘棠集且俾良序而刻諸梓集凡二卷他文字之有紀於侯者具見集中侯名阿年八哈字景淵云

衢州府刊板

朱子章句集註大學一卷中庸一卷論語十卷孟子十四卷朱子序說讀法

天祿琳琅書目咸淳癸酉衢守長沙趙淇刊於郡庠每板中有衢州官書四字

三國志六十五卷

右修職郎衢州錄事參軍蔡宙校正幷監鏤板

左文林郎衢州州學教授陸俊民校正

每半葉十行行大十九字小二十字

五代史

施元之五代會要跋元之假守信安得舊板於江陰以來因併與范魯公所著五代史通刻板寘郡齋乾道七年

古史六十卷

左迪功郎衢州司戶參軍沈大廉同校勘卷七後

右修職郎衢州錄事參軍蔡宙校勘兼監鏤板卷十六後

五代會要三十卷

國朝王文康公所纂五代會要三十卷慶歷中文忠烈公帥蜀嘗刻行之兵火以來又佚其傳元之假守信安得舊板於江陰以來因併與范魯公所著五代史通刻置郡齋乾道七年二月旦日左宣教郎權發遣衢州軍州主管學事兼管內勸農事施元之題

郡齋讀書志二十卷

昭德晁侍郎僑居蜀嘉定之峨眉平生著書有易詩書春秋解考其異同甚詳又作讀書志皆鋟板大父及嚴君喜藏書

在嘉定時嘗摹而藏之及南來不能悉與俱今併他所藏燬矣讀書志適在篋中鈎謹刻置信安郡齋不惟使晁氏平生之功得以表見而觀者案其目而訪求焉庶亦可使古書之不泯云淳祐己酉夏五郡守南充游鈞識

王氏博濟方三卷

莫氏方一卷

直齋書錄解題刑部郎中吳興莫伯虛致道刻博濟方於永嘉而以其家藏經驗方附于後

新儀象法要三卷

乾道壬辰英興施元之刻本於三衢坐嘯齋

冷齋夜話十卷

是書僧惠洪所編也洪本筠州彭氏子祝髮爲僧以詩名聞海內與蘇黃爲方外交是書古今傳記與夫騷人墨客多所取用惜舊本訛謬且兵火散失之餘幾不傳於今本堂家藏善本與舊本編次大有不同再加訂正以繡諸梓與同志者共之幸鑒至正癸未春三月新刊三衢石林葉敦印

每半葉九行行十七字

六帖補二十卷

唐世類書傳於今者有徐常侍初學記白少傅六帖記所遺者帖采掇甚富然自六經諸子逮於秦漢魏晉而止耳本朝名儒纂輯如晏元獻公類要等書可謂浩博特未聞有繼六帖而作者炎紹中興乃有孔侯六帖新書隋唐五代咸著於篇而白傅所未取者不敢過而問焉今泳齋楊先生復成六帖補二十卷然後向之軼於二公者粲然在目先生博覽古今聞見該洽雖治郡叢劇亦手不釋卷石渠玉府盈溢胸襟隨取而充其用畢具非假是以夸涉獵備遺忘者其志固在於續古也白傅之後歷三百年而後有新書孔侯絕筆又百年而後有是補可不謂之有志於續古歟此任禮之所以敬歎也因刻梓于學宮以廣其傳淳祐甲辰冬孟朔日門生文林郎充衢州州學教授兪任禮謹書

校正鄉貢進士州學教諭張應采

校正免解進士州學教諭徐應采

校正貢補進士州學直學陸誼
校正免解進士州學直學孔應選
校正免解進士州學學録鄭章
校正迪功郎新吉州太和縣主簿孔應得
校正迪功郎新瑞州新昌縣尉州學學正鄭逗
每半葉十一行行二十四字

蘇子美集十五卷
蘇子美集十五卷歐陽文忠公爲之首序子美在寶元慶歴間有大名其文章瓌奇豪邁自成一家不幸淪落早世故生平所著纔出於此而近時亦少見之元之因俾鏤板於三衢又得尚書汪公聖錫所藏豫章先生詩爲子美作也惜其未大傳故附之左方若祭文墓志已見於文忠集中兹不復載
乾道辛卯六月己巳吳興施元之書
温州府刊板

白石詩傳三十卷
喬行簡序先生姓錢氏諱文子字文季永嘉人入太學以兩

優解褐仕至宗正少卿乾淳諸老之後巋然後學宗師白石其徒號之也沒今二十餘年司馬文正公之孫自尚書郎出守永嘉行簡知先生有是書而未廣也又知郡太守之賢可屬以此乃訪求于湯尹之姪時大倅偕詁釋刻諸郡齋云紹定六年

周禮井田譜二十卷

樓鑰跋刊既就錢文季文子指其閒有不合者胡太初宗亦相與講明而黃君穀又作問荅一卷皆有益於書陳君舉許以序引自湖南遠寄詞雄義渾尤爲著明遂幷刻之惟文子之説以俶裝薄遽不及附見當俟他日

直齋書錄解題進士會稽夏休撰紹興時表上之淳熙中樓鑰刻之永嘉陳止齋爲之序

儀禮十七卷釋文一卷識誤三卷

張淳儀禮識誤序乾道七年春今兩浙轉運判官直祕閣曾公來守是邦洊歉之餘究心於理務廣上恩其効績之著至於風雨時癘疫息越明年夏欲植教本肇鋟儀禮公以淳嘗識此書也命之校之淳亦幸此書之且有善板也遽拜不辭

此書初刊於周廣順之三年復校於顯德之六年本朝因之所謂監本者也而後在京則有巾箱本在杭則有細字本渡江以來嚴人取巾箱本刻之雖咸有得失視後來者爲善此皆淳之所見者也淳首得嚴本故以爲據參以羣本不足則質之疏質之釋文疏釋文又不足則闕之蓋不敢以謏見斷古經也監本者天下後世之所祖巾箱者嚴本之所祖故其有誤則亦辨之餘則采其所長而已既畢裒其所校之字次爲二卷以釋文誤字爲一卷附其後題曰儀禮識誤

直齋書録解題永嘉張淳忠甫所校乾道中太守章貢曾逮仲躬刻之首有目録一卷載大小戴劉向篇第異同以古監本巾箱本杭細本嚴本校定

家禮附注五卷

趙希弁讀書附志右陳雷刻于温州學宫者凡九十九條

止齋春秋後傳十二卷左氏章指三十卷

曹叔遠止齋文集後序先生春秋後傳等書今參知政事樓公既屬永嘉守施公栻刊置郡齋矣

大學章句一卷中庸章句一卷論語集註十卷孟子集註十四卷

余官京師時士大夫之仕於温者以泮宫四書見贈視其句讀明白心甚嘉之曁來爲守則板籍皆煨燼矣□□重刊以惠後學會建稽古閣乃俾學録周習甫詳加校正大字繕寫聚工鋟梓通三百五十餘板庋列於閣願摹者聽焉庶家有是書由口誦而躬行實美敎化之一助也時延祐戊午長至日古汴趙鳳儀書

每半葉七行行十五字有温州路學稽古閣書牌子及學録周習甫繕寫校正一行

爾雅疏十卷釋文一卷

陳傅良跋郡有刊疏并音釋若干卷以久不就字畫多殘闕金華趙君子良來爲推官繕補之始可讀子良學於東萊呂伯恭氏于余爲同年進士名善珍

永嘉守禦錄

葉水心先生文集守禦錄跋右劉敎授永嘉守禦錄錢君德

載刻於州學

大唐六典三十卷

唐六典載古者制度備因革成一王書可爲後世標準比緣兵火所在闕文棫承乏永嘉得本於州學教授張公同以白太守徽學新安程公一見肅然曰周公之典所謂設官分職以爲民極葢具體矣其階品有制其尊卑有序其名官有義公等能廣其傳則　朝廷於焉若稽縉紳於焉矩儀士子於焉講究一舉三得不其偉歟因命張公校其訛闕而棫募工鏤板幾年有成乃丏藏諸學以傳久遠貲其直以養士類云紹興四年歲次甲寅九月戊申朔

左文林郎充温州州學教授張希亮校正

右宣教郎知温州永嘉縣主簿勸農公事詹棫題誌

每半葉十行行大二十字小二十四字

温州進士題名

樓鑰序鑰濫授於兹樂儒風之方興爰攷姓名之高下歲時之後先次而書之刊置學官又訪其氏族爵里別爲一編咸

虛其末以俟來者

顔魯公文集十五卷補遺一卷附錄一卷

留元剛序予後公三百九十四年而生又三十五年而守東嘉訪公之來孫自五代徙居于此本朝皇祐紹興間嘗錄其後官者六人忠義之澤滲漉悠久有自來矣求公文而刊之將以砥礪生民而家無藏本得劉原父所序十五卷卽嘉祐中宋次道集其刻于金石者篇簡漫漶字義舛譌乃以史傳諸書碑蹟雜記銓次年譜繫以見聞參異訂疑蒐亡補失其涉于公之筆缺而無考則不敢及焉故書遺亡網羅未備尚俟後人

直齋書錄解題案館閣書目嘉祐中宋敏求惜其文不傳乃集其刊于金石者爲十五卷今本序文劉敞所作乃云吳興沈侯編輯而不著沈之名劉元剛刻于永嘉爲後序則云劉原父所序卽宋次道集其刻於金石者也又不知何據元剛復爲之年譜益以拾遺一卷多世所傳帖語且以行狀碑傳爲附錄魯公之裔孫裕自五代時官溫州與其弟倫祥皆徙

居永嘉樂清本朝世復其家且時褒錄其子孫亦有登科者

止齋先生文集五十二卷附錄一卷

先生春秋後傳諸書今參知政事樓公既屬永嘉守施公栻刊置郡齋矣惟文集舊未成編蓋俗所傳如城南集之類皆幼作先生每悔爲故叔遠所銓次斷自梅潭丁亥以後抑先生意云爾而裒搜衆錄參別惟久至嘉定戊辰始就緒又不揆輒陳述先生問學獨出之旨人所未及知者僭爲序文冠諸篇端樓公復以屬郡守楊公簡續刊之楊謝不能郡博士徐公鳳慨然曰是吾志也吾起敬慕于茲久乃與前吏部侍郎蔡公幼學更加訂定卽廩士羨緡萬亟成之於是後學咸得觀先生全文而樓公美意始無憾焉徐公之賜厚矣徐公建安人弱冠登進士第以親老不調者十餘年初官永嘉搢紳逢掖稱賢無異詞而又汲汲然懼儒先遺文之汨其傳而無以私淑諸人也是眞可爲人師矣嘉定癸酉三月門人承直郎新荆湖北路轉運司幹辦公事曹叔遠謹再識于集左

嘉定壬申郡文學徐鳳鋟板于永嘉郡齋

方先生詩集九卷

黄溍序先生卒二子樗梓懼時無知先生者不敢輒以遺稿示人柳君道傳方官於太常自以遊先生門最早圖其不朽者甚悉既緘辭銘其墓且探其家藏摘五七言古律詩三百八十篇釐爲九卷屬永嘉尹趙敬叔刻寘縣齋先生諱鳳字韶父婺浦江人

玉臺新詠十卷

有永嘉陳玉父跋疑亦永嘉刊本

六書故三十三卷

趙鳳儀序公之父蒙從學於武夷兄仔舉郡孝廉父子昆弟自爲師友是書淵源有自延祐庚午予來領郡命其孫坙出諸家藏郡博士與諸儒咸謂是書誠有益于經訓宜傳以惠後學予既鋟四書與郡志明年捐奉廪以倡刻而庋諸閣（延祐庚午）

處州刊板

晦庵語類二十七卷

直齋書録解題蜀人以晦庵語録編成類處州教授東陽潘

墀取其論語一類增益其未備刊於學宮

元城先生盡言集十三卷

元城先生南遷往還皆道曲江比得其手帖十餘紙於州人鄧氏乃刻石淸淑堂上適先生曾孫孝騫自連山來訪出其家藏盡言集十三卷因命工鏤板置之郡齋淳熙五年戊戌閏月初吉假守括蒼梁安世謹書

海上方一卷

直齋書錄解題不著名氏括蒼刊本館閣書目有此方云乾道中知處州錢竽編

山谷編年詩集三十卷年譜二卷

直齋書錄解題山谷詩文其甥洪氏兄弟所編斷自進德堂以後今外集所載數卷有晚年刪去者故任子淵所注亦惟取前集而已監丞黃㽦子耕者其諸孫也既會粹別集復盡取其平生詩以歲月次第編錄且爲之譜今刊板括蒼

西溪集十卷長興集四十一卷雲巢集十卷

從事郎處州司理參軍高布重校兼監雕

直齋書錄解題以上三集刊於括蒼號三沈集

文章正宗二十卷續文章正宗二十卷

鄭圭序余分校括蒼偕聯事倪君鋟諸梓以壽其傳咸淳丙寅

性理四書四卷

□□序至正丁亥詔嚴守令之選以六事責之明年五月浙西廉訪副使徐侯思讓拜括蒼郡守下車之初奉行六事惟謹獄訟日簡治化日興暇則帥僚吏詣頖宮聽諸生講經誦訓於是郡人興起於學侯益延師儲書盡教養之實又以周子太極圖說通書張子正蒙西銘刊置郡學俾諸生閱習書成號性理四書

浙下

開封關葆謙上虞羅福葆同校